Spanish A2

ánimo 2

Isabel Alonso de Sudea
Vincent Everett

OXFORD
UNIVERSITY PRESS

Welcome to Ánimo 2!

The following symbols will help you to get the most out of this book:

 listen to the recording with this activity

 S this item is also on the *Ánimo 2 solo* recording

 work with a partner

 work in a group

use a dictionary for this activity

Gramática an explanation and practice of an important aspect of Spanish grammar

 160 refer to this page in the grammar section at the back of the book

 W65 there are additional grammar practice activities on this page in the *Ánimo Grammar Workbook*

Extra additional activities on Copymaster to extend what you have learned

 Frases claves useful expressions

Técnica practical ideas to help you learn more effectively

We hope you enjoy learning with Ánimo.

¡Buena suerte!

Índice de materias

FRANCIA

La Coruña
Oviedo
Santander
Bilbao
ASTURIAS
CANTABRIA
PAIS VASCO
GALICIA
Picos de Europa
Vitoria
Pamplona
NAVARRA
Burgos
Logroño
LA RIOJA
Ebro
Pirineos
CASTILLA-LEÓN
CATALUÑA
Vigo
Duero
Valladolid
Zaragoza
ARAGÓN
Barcelona
PORTUGAL
Salamanca
MADRID
ESPAÑA
Madrid
Menorca
Tajo
Toledo
Cáceres
Palma de Mallorca
EXTREMADURA
CASTILLA-LA
MANCHA
VALENCIA
Valencia
BALEARES
Ibiza
Badajoz
Guadalquivir
Alicante
Formentera
Córdoba
Murcia
Sevilla
ANDALUCÍA
MURCIA
Sierra Nevada
Granada
Málaga
Cádiz
Gibraltar

CANARIAS
La Palma
Lanzarote
Tenerife
La Gomera
Las
Palmas
El Hierro
Gran
Canaria
Fuerteventura

MARRUECOS
ARGELIA

4

El estado y el individuo

Al final de esta unidad, sabrás abordar los siguientes temas:

- el papel del estado
- el estado constitucional
- el papel del individuo

Sabrás mejor:

- redactar con tus propias palabras
- poner atención a la estructura de una frase leída
- usar verbos con cambios de ortografía

1a Haz un diagrama Venn con círculos para: el estado, la sociedad, el individuo. Con un(a) compañero/a decide si los siguientes son representantes del estado, miembros de la sociedad, o individuos. Justifica tu decisión y coloca las palabras en tu diagrama. Puedes utilizar las intersecciones entre los tres círculos.

un juez	un criminal	un niño
un miembro del gobierno		un gato
un extranjero	un policía	la policía
el gobierno	un político	un cura
un partido político		un médico
un movimiento de protesta		una madre
un terrorista		un dictador
un bebé aún no nacido		una celebridad

1b Cambia de pareja, y trata de mover las palabras en las intersecciones a la parte principal de un círculo. Justifica tus decisiones.

1c Escribe una definición de "estado", "sociedad" e "individuo".

1d Compara tus definiciones con las de un(a) compañero/a. Decide si las definiciones son compatibles con el diagrama que completaste.

EL ESTADO   LA SOCIEDAD

EL INDIVIDUO

Estado, sociedad, individuo

Donde empieza el estado, termina el hombre.

LA SOCIEDAD

EL ESTADO

EL INDIVIDUO

1a Lee los textos 1 a 3 y decide quién ha escrito qué.

Hammú piensa que el estado tiene un papel importante en la sociedad.
Lety piensa que el estado tiene algunos papeles importantes.
Alonso piensa que el papel del estado es insignificante.

1b Los textos a, b y c son la continuación de los textos 1 a 3. Haz corresponder las dos partes.

2 Busca seis palabras en los textos que puedan rellenar cada espacio en blanco.

1 El estado puede .... servicios públicos.
2 El estado tiene ... . de ofrecer servicios al público.

1 No podemos dejar de insistir en que al estado moderno sólo le tocan tres papeles: promover la salud de la comunidad, asegurar la educación de los niños y garantizar la seguridad.

2 En nuestro mundo globalizado las funciones de los gobiernos se reducen a la irrelevancia. Todos los papeles tradicionales pueden ser asumidos por el sector privado. Si los ciudadanos quieren servicios de educación o de atención sanitaria, la realidad es que las opciones que brinda el estado no son las mejores.

3 El estado es la manifestación de la responsabilidad que los ciudadanos se deben. Es la entidad que tiene la autoridad de recaudar los impuestos de todos para beneficiar a la sociedad.

a Además, la economía está fuera de las manos del gobierno. La industria eficiente se desarrolla a escala internacional. Ante la perspectiva de su impotencia, el estado quiere arrogarse los poderes quiméricos de la política exterior, con los resultados desastrosos que vemos en las guerras y en la inseguridad mundial.

b Garantiza para todos la igualdad de oportunidades en la educación; provee una infraestructura para el transporte; suministra agua y servicios sanitarios. Invierte en las industrias nacionales para asegurar la estabilidad económica y para frenar el desempleo.

c Todo lo demás, desde la administración del servicio telefónico hasta la subvención de los agricultores, queda fuera de la esfera de las funciones legítimas del estado. La incompetencia de los gestores públicos malgasta nuestros impuestos y desprestigia al gobierno.

3a Traduce al español las siguientes frases sin buscar palabras en el texto.

1 The state has to keep on providing subsidies to industry.
2 The government takes on powers that could be taken up by the private sector.
3 It is the state's role to provide an infrastructure for a stable economy.
4 The efficient private sector can get rid of the incompetence of state administration.

3b Ahora escribe las mismas frases, utilizando palabras de los textos.

Ejemplo: 1 El estado no puede dejar de subvencionar a la industria.

3c Escribe con tus propias palabras:

1 Las funciones de los gobiernos se reducen a la irrelevancia.
2 Garantiza para todos la igualdad de oportunidades.
3 Queda fuera de la esfera de las funciones legítimas del estado.

4a Lee estas seis frases y trata de decidir si se refieren al sistema de salud, a la educación, o a los dos.

1 Pasó de un sistema centralizado a un sistema regional.
2 La expansión estatal se realizó incorporando instituciones privadas.
3 Hay un sector estatal y un sector particular.
4 La mayoría de la población valora el sistema público.
5 El acceso para todos sigue siendo un problema.
6 El gran desafío es un sistema de calidad.

4b 🎧 Escucha la información y toma apuntes para verificar tus respuestas de 4a.

5a Lee las siguientes opiniones. ¿Se refiere a la salud o a la educación, o a las dos?

5b Decide si las opiniones son de Hammú, Lety, o de Alonso. (Ver 1a.)

a Es absurdo que el gobierno central quiera mantener el control de un sistema regional.

b Es inmoral que una empresa particular se beneficie de la enfermedad o que los ricos puedan pagar un servicio mejor.

c Es imposible que el gobierno controle el gasto. Sólo el mercado libre puede frenar la demanda de los servicios médicos.

d El gobierno tiene la responsabilidad de garantizar una formación profesional, pero a veces es mejor que participe el sector privado.

e Los individuos tienen que invertir en su propio futuro. Si adquieren las destrezas que necesitan para conseguir trabajo, se justifica el gasto.

6 👥 Escoge dos opiniones del ejercicio 5 y explica a un(a) compañero/a por qué (no) estás de acuerdo.

Extra Completa las actividades en la Hoja 1.

7 Escribe 100 palabras para explicar los diferentes puntos de vista sobre el papel del estado. Toma ejemplos de estas páginas e incluye tus propias conclusiones.

¡Con la constitución!

Las partes constituyentes de un país "indivisible"

La Constitución y la Nación

Antes de explicaros cómo es la Constitución, os ruego que me sigáis en una exploración del contexto en el que se estableció la Constitución de 1978. Me refiero, como ya habréis adivinado, a la historia de la nación española.

La historia es un proceso largo y complejo en el que distintas comunidades llegaron a unirse en un estado-nación. Las lenguas, costumbres y tradiciones de esas comunidades enriquecen la diversidad de la España que vosotros conocéis como el resultado final.

Claro, el proceso se llevó a cabo paso a paso, y la unificación no siempre respetó las características locales. En ciertos momentos en nuestra historia, había los llamados "movimientos nacionalistas" que revindicaban las peculiaridades culturales, geográficas y lingüísticas de una región u otra.

Así entenderéis por qué la Constitución a la vez insiste en la unidad de España y permite la autonomía de las comunidades. En primer lugar se establece que el estado-nación es indivisible e indisoluble. Significa, ni más, ni menos, que ninguna parte de España puede separarse del país.

La posibilidad de la autonomía de las comunidades dentro de un país indivisible fue la solución brillante de la Constitución. Su éxito innegable se debe a la coyuntura constituyente de diputados y senadores en 1977. Ellos no tenían el modelo de otro país del que echar mano para copiar.

Lejos de dictaminar cómo tenía que ser la forma de gobierno en cada rincón del país, la Constitución estableció las normas y el proceso para conducir democráticamente al gobierno autonómico según el deseo de las provincias. Como podéis imaginar, las diferentes regiones acordaron un valor y una prioridad diferentes al proceso.

Cada territorio elaboró Estatutos definiendo sus instituciones de autogobierno. Se organizaron sobre el modelo del estado nacional, con Presidentes y Parlamentos. Los primeros fueron Cataluña y el País Vasco. En 1983, cuando se cerró el proceso, 17 comunidades habían accedido a la autonomía. En su día, su existencia fue una revolución, pero hoy no se puede entender la democracia española sin entender las Comunidades Autónomas, ¿verdad?

1 Antes de contestar a las preguntas, utiliza las siguientes estrategias para leer rápidamente el texto:

1 Busca todos los números y nombres propios.
2 Busca la terminología geográfica, legal o histórica.
3 Decide cuál es la idea principal de cada párrafo.

2a El texto tiene una actitud bien definida hacia la constitución. El autor utiliza estas tres técnicas estilísticas:

1 definir la historia como un proceso inevitable
2 lenguaje negativo para las ambiciones regionales
3 lenguaje positivo para la constitución

Decide cuál de las técnicas 1 a 3 se manifiesta en las siguientes frases del texto:

a una región u otra
b la España que vosotros conocéis como el resultado final
c la solución brillante

2b Busca otros ejemplos de esas tres técnicas en el texto.

3 El texto se escribe para explicar la constitución a los jóvenes. Identifica las frases donde se nota que el autor se dirige a una audiencia joven.

4a 🎧 Escucha a Javi y a Inma. Completa lo que dicen, escogiendo lógicamente una de estas conclusiones para Javi y una para Inma.

a … entonces en lugar de acercar la democracia a los ciudadanos, la constitución crea confusión y desigualdad.
b … entonces las ambiciones nacionalistas se definen como ilegales, un delito contra la constitución y el estado.
c … entonces reconocemos que la constitución es una solución a la vez prudente y audaz que resuelve la tensión entre estado central y las aspiraciones regionales.

4b 👥 Explica a un(a) compañero/a en qué no están de acuerdo con el autor del texto sobre la constitución.

5 👥 Con un(a) compañero/a analiza cada párrafo del texto sobre la constitución. Decide dónde es demasiado simplista.

Ejemplo: *Aquí dice que la solución fue brillante, pero …*

6 Escribe 100 palabras para explicar a jóvenes lo que implica la constitución para el estado y las Comunidades Autónomas. Trata de considerar todas las perspectivas.

7 Escoge una de las Comunidades Autónomas en el mapa e investiga la estructura de su gobierno.

La voz del individuo

Opuestos, pero no en contra de la democracia

1 La campaña quiso denunciar la manipulación y la falta de respeto. Criticó un panorama donde el negocio sustituye al talento, destruyendo el equilibrio entre arte y lucro.

2 Nació de la necesidad frente al desastre: la necesidad de actuar y la necesidad de difundir la verdad. Los voluntarios de los primeros días de la operación de limpieza no se contentaron con volver tranquilos a sus casas.

3 Según los organizadores cuatrocientas mil personas (doscientas mil según la policía) se unieron en Barcelona en una manifestación convocada por cincuenta organizaciones diferentes.

a El movimiento surgió de la comunidad, y unificó hasta a los hinchas rivales del fútbol. El día del partido entre el Celta de Vigo y el Deportivo de La Coruña, los gritos se alzaron al unísono denunciando la falta de acción oficial.

b Los participantes, de humor festivo, llevaron un tubo enorme en forma de nudo y pancartas en catalán y castellano, denunciando la hipocresía de la Generalitat, el PSOE y el PP.

c Se publicó un manifiesto que se diseminó a través de grupos culturales e Internet. Insistió en que la cultura no se puede reducir a un objeto de rentabilidad inmediata y nada más.

i De las palabras pasaron a la acción. Organizaron un evento donde miembros del público podrían explorar otras opciones, sin caer en maniobras comerciales ni en el morbo del cotilleo.

ii La marcha empezó minutos después del mediodía en la Plaza de Cataluña y desfilaron hasta la plaza de la Catedral de Barcelona, donde las organizaciones leyeron sus manifiestos.

iii La protesta se convirtió en símbolo de esperanza en el futuro con una cadena humana de niños a lo largo de la costa damnificada: 50.000 alumnos acompañados por sus profesores y con la autorización de sus padres, unidos de la mano para protestar contra el siniestro.

1a Lee los textos 1, 2 y 3. Decide cuál de los tres se refiere a:
  a una marcha contra una iniciativa del gobierno
  b un movimiento en respuesta a un desastre ecológico
  c una campaña contra la influencia de la televisión

1b Trata de completar los tres textos, haciendo corresponder las tres partes. Toma una parte de 1–3, una de a–c, y una de i–iii para hacer cada texto completo.

1c 🎧 Escucha para verificar tu respuesta.

1d 🎧 Escucha otra vez y toma nota de:
  a el lema de la campaña
  b el nombre de lo que denuncian

1e Busca en los textos dos formas diferentes para decir las siguientes palabras:

1 profit
2 campaign
3 it originated
4 made public
5 catastrophe
6 a protest march

1f 📖 Las siguientes palabras se repiten en el texto. Utiliza un diccionario para buscar sinónimos. Si no encuentras palabras equivalentes, puedes escribir una definición o una explicación.

1 manifiesto
2 unir
3 organizar
4 necesidad
5 denunciar

1g Utiliza tus respuestas a los ejercicios 1e y 1f para escribir de forma alternativa las siguientes frases:

1 El movimiento nació de la necesidad frente al desastre.
2 La campaña publicó un manifiesto donde denunció la rentabilidad de la cultura.
3 Organizaron una manifestación uniendo a representantes de diferentes campañas.

2a 👥 Mira las fotos y describe lo que pasa a un(a) compañero/a.

2b 👥 Lee el recorte de periódico y discute con un(a) compañero/a los siguientes puntos:

1 ¿A qué te recuerda el símbolo de un lazo negro?
2 ¿Por qué los que atribuyeron el ataque a los terroristas del País Vasco llevaban pancartas que decían "Con la Constitución"?
3 ¿Crees que las pancartas diciendo "Por la Paz" representan un rechazo a la violencia terrorista, o un reproche al gobierno por su política internacional?
4 ¿Por qué fue tan eficaz una protesta silenciosa?

miles de personas salieron a la calle. Algunos con sus pancartas "Por la Paz" o "Con las víctimas, con la Constitución, contra el terrorismo" o con un lazo negro; pero la mayoría con su simple presencia. El silencio se puede interpretar como protesta, como reproche, o como solidaridad, pero no se trataba de

3 Escribe 150 palabras sobre el tema "El derecho a manifestar su oposición es tan fundamental para la democracia como el voto." Utiliza ejemplos de campañas de protesta en España.

La voz de la calle: Protestas silenciosas después de la atrocidad terrorista de Madrid.

¡Atención, examen!

The activities on these pages will help you to:
- rewrite parts of a text using your own words
- pay careful attention to gender when reading
- watch out for spelling change and radical changing verbs and *el pretérito "grave"*

Técnica

Rewriting using your own words

1 Sometimes you will know an alternative to replace words in a sentence.

Look at this example from page 6, exercise 2:

garantizar servicios, asegurar servicios, proveer servicios, suministrar servicios, brindar servicios, promover servicios

2 Be prepared to change around word order or parts of speech.

Look at how different your own Spanish sentences were from the English originals on page 7, exercise 3a:

The state has to keep on providing subsidies to industry.

El estado no puede dejar de subvencionar a la industria.

3 Be prepared to define or explain.

Look back at how you explained these words on page 11, exercise 1f:

manifiesto   denunciar

(1) Decide which of techniques 1 to 3 have been used in the following re-written sentences.

  a Publicaron su manifiesto.
Publicaron un documento en el cual expusieron su posición.

  b "Nunca Máis" coordinó la organización de la protesta popular en Galicia.
El pueblo gallego protestó, pero fue organizado por "Nunca Máis".

  c La población manifestó su desacuerdo.
Los ciudadanos mostraron su disconformidad.

(2) Rewrite these sentences in your own words.

  1 Ha asegurado que el sistema de justicia se independice del gobierno.
  2 Se realiza con subvenciones nacionales y europeas, pero descartando las normas que protegen las reservas ecológicas.
  3 Hay un catálogo de desastres donde los políticos se contentaron de echar la culpa a otros.
  4 Debe haber otra forma de democracia que resuelva mejor las tensiones.

Acción de apoyo a las víctimas de una guerra "estúpida, injusta e ilegal"

Esta protesta ha sido organizada dentro de la campaña de acciones de oposición al conflicto realizada de forma coordinada por Blocjove con otras organizaciones juveniles de la Comunidad Valenciana.

La huelga cibernética consistirá en la suspensión durante un periodo de 24 horas de las páginas web de estos grupos juveniles, en las cuales únicamente aparecerán un logotipo y un mensaje opuestos a la guerra y de homenaje a las víctimas civiles.

Estas organizaciones consideran además que "las declaraciones criminalizando a los manifestantes pacifistas contra la guerra, la censura y manipulación en los medios de comunicación públicos y las actuaciones represivas de la policía suponen uno de los episodios más tristes de la historia de la democracia ante el que tenemos que hacer frente con todas las iniciativas posibles".

Técnica

Looking carefully at details of gender

You know that in Spanish you have to remember to make nouns and adjectives agree for singular/plural and for gender. You can use your understanding of this to keep track of complex sentences with unexpected word order.

1 Spot the difference between the sentences here and those in the text.

1 Acción de apoyo a las víctimas de una guerra "estúpidas, injustas e ilegales".
2 Esta protesta ha sido organizada dentro de la campaña de acciones de oposición al conflicto realizado de forma coordinada por Blocjove.
3 Aparecerán un logotipo y un mensaje opuesto a la guerra.
4 Es uno de los episodios más tristes de la historia de la democracia ante la que tenemos que hacer frente.

2 Explain what difference the changes of number or gender have made to the meaning.

3 Find these words in the text. In each case find two other words that depend on them.

Example: organizaciones: otras, juveniles

1 protesta   3 páginas   5 grupos
2 campaña   4 medios

Extra Hoja 2 provides further examples and practice.

Gramática ⇨ 125, 127 ⇨ W34, 40

Verbs to watch out for

Spelling changes

● Remember that the spelling of verbs ending in -cer, -cir, -car, -zar, -ger, -gir, -gar or -guer can change to preserve the correct pronunciation when the ending has a different vowel from the infinitive:

jugar – jugué

● Beware of verbs which have irregular forms in the first person of the present tense and in the present subjunctive: *conduzco, conozco, obedezco*

● Some verbs change spelling in the third person singular and plural of the preterite:

leer → leyó, leyeron

Radical changes

● These are most common in the present tense.

Example: juego juegas juega jugamos jugáis juegan

● There are some verbs which change the stem in the third person singular and plural of the preterite tense:

dormir   durmió   durmieron
sentir   sintió   sintieron
pedir   pidió   pidieron

El pretérito "grave"

This is a group of verbs which keep the stress in the preterite on the stem, not the ending. They have irregular stems and share a set of endings:

pude pudiste pudo pudimos pudisteis pudieron

tener: tuve   estar: estuve   decir: dije (NB dijeron)
querer: quise venir: vine   hacer: hice (NB hizo)
poner: puse   saber: supe

A Use a dictionary to find the infinitive of the verbs in these sentences. Explain to a partner what is unusual about the form of the verbs and why.

El juez Baltasar Garzón persiguió y detuvo a narcotraficantes y a terroristas. También expuso la existencia de los escuadrones de muerte del gobierno. Cuando se opuso al ex dictador Pinochet, se convirtió en una estrella. Quiso lograr su extradición, pero no la consiguió. Parece superman, pero vuelve tranquilo a su casa y cuenta chistes.

B Translate these sentences into Spanish using the verbs below. The underlined verbs will be irregular.

1 His achievements included the denunciation of the "Grupos Antiterroristas de Liberación".
2 He said it is doubtful that all the detainees belong to Al-Qaeda.
3 It is impossible that the government deny its responsibility to act within the law.
4 He acts against whoever attacks the law.
5 He preferred to maintain his independence.
6 His intervention led to the fall of the government.

negar conducir incluir preferir decir
pertenecer atacar

Extra Hoja 3 provides further examples and practice.

Gramática ⇨ 117 ⇨ W28

Pronouns

Revise possessive and demonstrative pronouns.

A escoger

Confío.　　No sé si confiar.　　No confío.

1a ¿Consideras que los siguientes son motivos para confiar o para desconfiar en el estado?

la constitución　el sistema de justicia
el medio ambiente
las medidas contra el terrorismo

1b Escucha a Benedicto y a Emilia. Apunta en cuáles aspectos confían en el estado y en cuáles no. Puedes llenar una tabla así:

	Benedicto	Emilia
la constitución	confía	
el sistema de justicia		

1c Escucha a Benedicto y a Emilia otra vez y apunta nombres y ejemplos concretos relevantes al estado español. Investígalos más a fondo en Internet.

2 Imagina que vas a inaugurar un partido político para promover la música auténtica en lugar de la música comercial. Trabaja con un grupo de compañeros/as y escoge entre estas actividades:

a Inventa un nombre, un lema y un símbolo.
b Escribe un manifiesto que defina la "autenticidad" y rechace el dominio del lucro en el mundo cultural.
c Escribe un discurso para una manifestación.
d Crea una página web denunciando la música comercial.

3 el texto y discute las siguientes preguntas con un(a) compañero/a.

1 Explica qué hizo el juez en la operación "Nécora".
2 ¿Qué es ETA?
3 ¿Cómo se describe a los dirigentes de ETA en el texto? Explica por qué.
4 Explica por qué se opuso al gobierno socialista.
5 ¿Qué opinas de la relación entre el gobierno y la justicia?
6 En tu opinión, ¿qué papel debe desempeñar un juez en una democracia?

El juez Baltasar Garzón: ¿Hombre o superhombre?

En su casa es un hombre educado, formal, amigo de la buena mesa, de contar chistes sin parar, que se transforma en superhéroe cuando entra en su despacho y embiste contra enemigos temibles.

Ha sido amenazado por terroristas y narcotraficantes desde la operación "Nécora" en Galicia adonde fue con la Guardia Civil para detener a las mafias del crimen organizado y de los movimientos separatistas.

Tomó la iniciativa de cruzar la frontera en su capacidad oficial para interrogar a dirigentes de ETA detenidos por las autoridades francesas – hombres sin rostro, que ordenan la bomba en Málaga o el asesinato en la calle en San Sebastián.

No es menos temido por los políticos españoles. Su intervención llevó a la derrota del gobierno socialista al sacar a luz el escándalo de los Grupos Antiterroristas de Liberación, que mataron a veintiocho sospechosos sin tomarse la molestia de recurrir a las cortes.

Resiste a todo costo la irrupción del gobierno en el sistema de justicia. Denuncia la corrupción en los partidos políticos y el poder del crimen organizado en el edificio del estado que ponen en peligro la existencia de la democracia.

La riqueza y la pobreza

Al final de esta unidad, sabrás abordar los siguientes temas:

- los contrastes entre ricos y pobres
- perspectivas personales sobre la economía
- las políticas concebidas para crear riqueza

Sabrás mejor:

- poner atención en los tiempos verbales
- poner atención en la estructura de las frases al escuchar

una cooperativa para vender artesanías

inversión del gobierno en el sector agrícola

alfabetización para adultos

la construcción de autopistas y aeropuertos

tener muchos hijos

su país se incorpora a una zona internacional de comercio libre

un sistema de seguridad social

una revolución

emigrar a los Estados Unidos

1a Imagina las circunstancias de la vida de esta mujer. Escribe apuntes breves sobre su casa, su familia, su trabajo, su educación, sus posesiones, sus intereses, su pasado, su futuro ...

1b Haz preguntas a un(a) compañero/a para descubrir lo que él/ella se imaginaba acerca de la foto.

1c ¿Cuál de los siguientes factores crees que ayudarán a garantizar un futuro mejor a esta señora? Discútelo en grupos.

Extremos y contrastes

Diferencias entre los países y dentro de un país

1a Mira los mapas.

1 ¿Cuáles son los dos países más grandes de habla hispana en la realidad?

2 ¿Cuáles son los tres países más ricos?

3 ¿Cuáles son los tres países con más pobreza?

1b 🎧 Escucha y mira los mapas. Una de las nueve afirmaciones es incorrecta. ¿Cuál es?

1c Identifica estos países:

a Es un país de América del Sur, no muy grande, muy pobre, y con mucha pobreza.

b Es el país más pobre de Centroamérica, con un número bastante grande de pobres.

1d 👥 Continúa el juego de 1c con un(a) compañero/a: Describe los países para que tu compañero/a los adivine.

Extra Completa las actividades en la Hoja 4.

RIQUEZA: INGRESO POR PERSONA

POBREZA: % DE LA POBLACIÓN QUE VIVE EN LA POBREZA

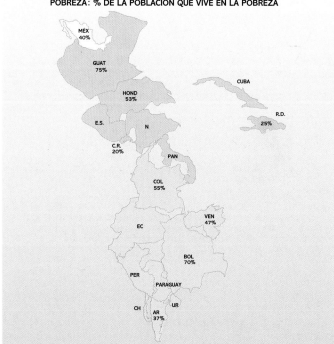

México – ¿rico o pobre?

a México ocupa el octavo lugar en la lista mundial de importaciones/exportaciones.

b Casi un tercio de la población trabaja en la economía "informal".

c El valor de bienes exportados es superior al de países como Grecia o Irlanda.

d Un niño de cada cuatro vive en la pobreza absoluta.

e La tasa de mortalidad infantil es de 52 por 1.000 entre los más pobres, 13 por 1.000 entre los más ricos.

f Las 25 familias más ricas ganan más que los 25 millones de mexicanos más pobres.

g México es uno de los productores más importantes de coches y piezas para coches, textiles y ropa, acero y productos manufacturados.

h Los más pobres cursan un promedio de dos años en la escuela.

i México ha sobrepasado al Japón como exportador a los Estados Unidos.

j Un mexicano de cada tres gana menos de dos dólares al día.

k La zona San Diego-Tijuana-Mexicali produce el 70% de los televisores del mundo.

l Un 10% de la población (los más ricos) recibe casi el 50% de los ingresos.

m El sueldo promedio es de 9.000 dólares anuales.

2a Separa los hechos sobre México en positivos o negativos.

2b ¿México es un país rico o un país pobre? Utiliza la información para presentar un lado del argumento a un(a) compañero/a.

3 Explica por qué esta caricatura es relevante a la economía de un país como México.

Si tomamos su temperatura media, su salud es excelente.

4 Toma información de las páginas 16 y 17 para escribir 100 palabras sobre el tema: "Las estadísticas, sobre todo los promedios, oscurecen los extremos y las injusticias".

Yo, y ella

Juan Luis Guerra

Nació en 1956 en la República Dominicana.
Canta "merengue" – música de baile – con letras
sobre el amor, la vida, la justicia …

1a Haz corresponder las frases con las definiciones.

> un comedor social
> dos cubetas para mojarme la vida
> en ONATRATE, un pie adentro, otro afuera
> bienes raíces
> el Hotel Lina
> la UASD
> la Pedro Henríquez

> transporte público atestado
> un restaurante prestigioso
> una universidad prestigiosa y cara
> cooperativa donde se puede comer barato
> la Universidad Autónoma de Santo Domingo
> sin cuarto de baño
> casas y terrenos

1b 🎧 Escucha la canción *Me enamoro de ella* de Juan
Luis Guerra y decide en cada caso si se refiere al
cantante o a "ella".

1 Viene de un barrio pobre.
2 Viaja en transporte público.
3 Estudia en una universidad privada.
4 Juega al tenis.
5 Come en un restaurante.
6 Tiene sauna y piscina.
7 Tiene que trabajar.

1c 🎧 Escucha otra vez y apunta los contrastes de los
ejemplos 1–7.

Ejemplo: *Viene de un barrio pobre/es de clase alta.*

1d 👥 Explica a un(a) compañero/a las diferencias
entre el estilo de vida del cantante y de su
enamorada.

1e Lee el texto y escoge la forma más apropiada del
verbo.

La noche que se conocieron, ella (**1**) llevaba/llevó un
vestido de marca y él unos pantalones vaqueros. Ella
(**2**) estaba cenando/cenó en un restaurante donde él
(**3**) trabajaba/trabajó como camarero para pagarse
los estudios. (**4**) Estaba saliendo/salió cuando le
(**5**) preguntaba/preguntó su nombre. "Me llamo
Juan Luis," (**6**) contestó/contestaba, "y a usted, ya
la conozco."

1f Escribe una carta de amor del cantante a "ella",
explicando cómo el amor supera las diferencias.

El costo de la vida

(Letra de Juan Luis Guerra)

El costo de la vida sube otra vez
el peso que baja ya ni se ve
y las habichuelas no se pueden comer
ni una libra de arroz ni una cuarta de café
a nadie le importa qué piensa usted
será porque aquí no hablamos inglés

Y la gasolina sube otra vez
el peso que baja ya ni se ve
y la democracia no puede crecer
si la corrupción juega ajedrez
a nadie le importa qué piensa usted
será porque aquí no hablamos francés

Somos un agujero en medio del mar y el cielo
quinientos años después
una raza encendida negra, blanca y taína
pero ¿quién descubrió a quién?

Ay, el costo de la vida
pa'rriba tú ves
y el peso que baja
pobre ni se ve
y la medicina
camina al revés
aquí no se cura
ni un callo en el pie
y ahora el desempleo
me mordió también
a nadie le importa,
pues no hablamos inglés
ni a la mitsubishi,
ni a la chevrolet

La corrupción pa'rriba
pa'rriba tú ves
y el peso que baja
pobre ni se ve
y la delincuencia
me pilló esta vez …

2a ¿Cuáles de los siguientes problemas se mencionan en la canción?

el narcotráfico   la corrupción   la vivienda   la salud
las tasas de interés   el valor de la moneda
la educación   el costo de los bienes importados
la inflación   el precio de la comida   el paro
la explotación de mano de obra barata   el racismo
la democracia   la colonización   el crimen

2b Lee las frases de abajo y decide a cuál de los problemas de 2a se refieren. Luego identifica en qué parte de la canción se menciona ese problema.

Ejemplo: 1 la inflación – "el costo de la vida sube"

1 Los salarios no aumentan, o suben muy poco, pero los precios aumentan a un ritmo desorbitado, así que no se pueden comprar las necesidades básicas.
2 Las divisiones sociales tienen sus raíces en el imperio español, con la subyugación de los indígenas.
3 Las empresas multinacionales crean trabajos con sueldos muy bajos, aprovechando la pobreza de la población.
4 La economía depende de los recursos extranjeros, sobre todo del petróleo, y los precios suben cuando el peso pierde valor.

2c Explica a un(a) compañero/a las frases de la canción que están subrayadas.

2d Vuelve a considerar los problemas del ejercicio 2a. Completa una tabla así:

Se menciona por nombre	Se refiere a este problema	No se menciona
	la inflación	

2e Escribe 150 palabras para explicar cómo los problemas mencionados en la canción pueden afectar a la vida personal de esta familia.

¿La riqueza produce pobreza?

Los ricos se enriquecen ... ¿mientras los pobres se empobrecen?

El paternalismo

Bajo un *gobierno paternalista*, el estado se hace responsable del bienestar de sus ciudadanos. Salud, educación, vivienda, agricultura, industria: Todo cuenta con la ayuda o la protección del gobierno. El estado garantiza precios fijos a los agricultores, luego distribuye los comestibles básicos a la población a un precio asequible. Grandes sectores de la industria son manejados directamente por el gobierno: Teléfono, electricidad, correo, agua, ferrocarriles, coches, líneas aéreas ... El sector público crea trabajos estables: burócratas, profesores, médicos — todos son funcionarios. Tarifas y cuotas limitan las importaciones de bienes extranjeros, y favorecen la compra de productos nacionales.

El neoliberalismo

Un *régimen neoliberal* favorece la competencia y la eficiencia. No gasta los recursos públicos en industrias atrasadas, ni fomenta la dependencia en los subsidios gubernamentales. Una economía moderna depende del libre comercio, de importaciones que dan opciones al consumidor y que obligan a las empresas a competir para ofrecer un producto mejor y más barato. Permite a los campesinos vender sus terrenos a las grandes compañías agrícolas eficientes y rentables. El país se hace más atractivo a las inversiones extranjeras y los grandes intereses públicos se venden al sector privado. Ofrece oportunidades de grandes cambios en la sociedad, donde el individuo es responsable de su destino.

Ya tengo la infraestructura para un futuro mejor.

GRINGO GOODS

AMERICORN

1 Lee los textos y decide si las políticas de abajo son típicas del paternalismo o del neoliberalismo.

los subsidios   el individuo
el mercado libre   la industria nacionalizada
la competencia   las importaciones
los precios garantizados   el consumidor
las tarifas sobre importaciones
la protección de la industria   la educación pública
la agroindustria   la modernización
el sistema de salud   la eficiencia
el sistema de seguridad social
la inversión extranjera   el control del gobierno

2a 🎧 Escucha tres veces a estas cinco personas.

1 Haz una lista de los verbos en los tiempos diferentes. Completa una ficha así:

Imperfecto	Pretérito	Tiempos Perfectos	Presente Continuo	Presente	Futuro	Condicional

2 En cada caso decide si se trata de un proyecto paternalista o neoliberal. Presta atención cuando se compara el pasado con el presente o el futuro.

3 Decide si fue una experiencia positiva o negativa. Toma apuntes para justificar tu respuesta.

2b 👥 Utiliza tus notas para explicar a un(a) compañero/a los aspectos positivos y negativos del paternalismo o del neoliberalismo.

2c Describe la caricatura.
¿Qué crees que es el mensaje?

3a ¿Cuáles de las opiniones a–g corresponden a las siguientes afirmaciones?

Ejemplo: 1 = g

1 Los pobres no contribuyen a la economía, son parásitos.
2 Para estimular la economía no debemos poner desventajas a los ricos.
3 Los pobres no tienen acceso a la educación para poder mejorarse.
4 Las empresas extranjeras se embolsan las ganancias.
5 Una economía moderna necesita una productividad eficiente.
6 La riqueza se derrama desde los ricos hacia los pobres.

a Si algunos se hacen más ricos, el país se hace más rico, entonces todos se benefician.
b Cobrar impuestos a los que generan la riqueza del país afecta a la economía.
c La inversión extranjera explota los recursos y los trabajadores nacionales.
d La inversión extranjera permite el desarrollo de la economía nacional.
e No podemos apoyar artificialmente a empresas ineficientes y atrasadas.
f Si no hay igualdad de oportunidades, los pobres no pueden romper el círculo vicioso.
g Ayudar a los pobres sólo fomenta dependencia y prolonga la pobreza.

3b Haz corresponder las opiniones a–g con las siguientes situaciones.

1 Hay mucha corrupción aquí: Si apoyamos al presidente del municipio, el partido nos ayuda con dinero y comida, pero desde que están en el poder no veo que hayan hecho mucho por cambiar nuestra situación.

2 Desde que vienen muchos a trabajar aquí en la autopista, he encontrado trabajo limpiando las casas que alquilan los ingenieros que se quedan aquí. Llamo a las puertas para preguntar si necesitan alguien que les ayude.

3 En mi pueblo construyeron una escuela, pero como vivimos muy lejos de la capital, no tenemos maestro. Quiero aprender a leer y a escribir porque aquí no hay trabajo.

4 Estamos revitalizando la economía de este país con nuestros supermercados, brindando un servicio eficiente e higiénico a los consumidores. Los mercados tradicionales sólo sobreviven porque tienen la protección de los municipios – deberían desaparecer.

5 Exporto fruta – fresas y zarzamoras a los Estados Unidos. Es una operación muy moderna – una vez cosechada la fruta, en doce horas tiene que estar en los mercados. He trabajado duro para que mi empresa tenga éxito y merezco disfrutar de lo que gano.

6 Trabajo en una fábrica de televisores, armando componentes prefabricados. Se sitúa aquí porque la mano de obra es barata, y resulta muy rentable, no para nosotros, sino para la empresa, que es una "multinacional".

7 Fui a estudiar un año a Estados Unidos, y cuando regresé aquí encontré trabajo en un banco, porque ahora el banco forma parte de un grupo internacional – fue comprado por un banco norteamericano. Como hablo muy bien inglés y tengo buena educación, creo que me va muy bien.

4a Discute con un(a) compañero/a cómo la información en estas páginas confirma el argumento: "Se puede mejorar la economía, sin que beneficien los más necesitados."

4b Escribe una carta de 150 palabras a un diputado, explicando los problemas que enfrenta una comunidad pobre para transformarse en una economía moderna y eficiente.

¡Atención, examen!

The activities on these pages will help you to:
- improve your understanding of tenses
- develop your understanding of sentence form in a listening text

Gramática ⇨ 125 ⇨ W44

Improving accuracy in understanding tenses

(A) Say what tense each verb is in, and explain the difference in meaning between the two alternatives.

1 Es/Era el país más pobre de América del Sur.
2 Es/Era un país rural.
3 La población está migrando/ha migrado a la ciudad.
4 El sesenta y cuatro por ciento está viviendo/vivía en la ciudad.
5 El gobierno propuso/ha propuesto vender los recursos petroleros.
6 Los campesinos saldrán/salieron a protestar.
7 El presidente dimitió/ha dimitido.
8 La situación se volvió/volverá crítica con la propuesta de entrar en la zona de comercio libre.

(B) The sentences in A form part of a listening text. Before listening, predict which sequence of verbs would make most sense of the passage as a whole.

(C) 🎧 Listen and note which verb tense is used for each.

(D) 🎧 Listen again and decide if the following statements are true, false, or not mentioned.
1 El 33% está viviendo con menos de dos dólares al día.
2 Sólo una tercera parte de la población vive en la pobreza.
3 El gobierno actual quiere exportar los recursos petroleros.
4 El público podrá elegir un nuevo gobierno en el verano.
5 El gobierno podrá exportar los recursos petroleros.
6 El público ya votó para mantener los recursos en manos del gobierno.
7 El país se ha incorporado a una zona de comercio libre.

(E) Read the text *Muerte en el atardecer* and translate each of the underlined verbs and say what tense it is in.

(F) Put the verbs a–h in order according to when they actually happened. Use a timeline like the one below.

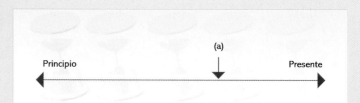

Principio — (a) → Presente

Muerte en el atardecer

Aquel verano (a) <u>fuimos</u> con un grupo de periodistas a visitar los pueblos y los cultivos. Fuimos también a investigar y a denunciar otro de los crímenes callados por las autoridades: la muerte de un activista socialista. Ahora, años después, (b) <u>puedo</u> agregar más detalles de lo que nos contaron allí.

Les (c) <u>habían dicho</u> que mejor se callaran, pero ellos sabían quiénes eran los responsables. El gobernador estatal (d) <u>hizo</u> la vista gorda* a las actividades de los especuladores financieros que (e) <u>buscaban</u> apoderarse de los terrenos de la comunidad: los dueños de tiendas, de bares y prostíbulos, de ingenios de azúcar – miembros del Partido y buenos ciudadanos.

(f) <u>Tendrían</u> ya sus planes: un campo de golf, un club deportivo y social, apartamentos modernos y lujosos. Y luego la cuestión de esa mosca, ese tábano que no (g) <u>dejaba</u> de molestar con los derechos y los títulos de los campesinos. Que se callara. Y así, un atardecer (h) <u>vinieron</u> por él.

* hacer la vista gorda = fingir ignorar

Gramática ⇨ 122 ⇨ W22

Pronouns
Revise personal and reflexive pronouns.

Extra Hoja 5 provides further examples and practice.

Técnica

Attention to sentence form when listening

- Always use techniques of making sense of **content**:
  - Listen to the whole recording, then sections.
  - Look carefully at the questions.
  - Predict possible answers.
  - Find which part answers the question.
  - Make sure that what you think you understand is sensible and consistent.

- Pay close attention to **language** and **sentence structure**:
  a   Word order, especially subject and verb inversion
  b   Pronouns and other words that refer back to words already mentioned and avoid repetition
  c   Negatives
  d   Joining words that show if an idea is a continuation or a contrast
  e   The person and tenses of verbs

1   🎧 Listen and read the text at the same time. Note the eight differences in sentence structure.

2   🎧 Listen again and identify which of points a to e above applies in each case.

3   Decide in which cases the meaning of the passage has been changed.

4   🎧 Listen again and decide if the following points are true, false, or not mentioned:

  1   El escritor prefiere el sector público al sector privado.
  2   El sector público permite la intervención del ciudadano.

> La oposición entre el sector público y el sector privado se ha exagerado, tratando a los ciudadanos como actores mudos en un drama entre gobierno e intereses comerciales. Entre los polos divergentes de la provisión estatal y la oferta y la demanda del mercado, la sociedad civil interviene, actuando muchas veces sin afán de lucro para mejorar las condiciones de vida.
>
> Las organizaciones no gubernamentales, las empresas cooperativas, los sindicatos independientes, los movimientos de mujeres, las universidades, las iglesias fomentan la democracia en lugar de la autocracia o la explotación. Un proyecto de investigación, una galería de arte, un comedor social, un programa de alfabetización o de higiene, una guardería tienen que ser ni capitalistas, ni estatales.

  3   El escritor cree que hay otra alternativa.
  4   La sociedad civil necesita registrar ganancias financieras.
  5   La sociedad civil nunca busca registrar ganancias.
  6   Una guardería o una galería de arte no pueden ser capitalistas.

Extra Hoja 6 provides further examples and practice.

A escoger

2c Escribe 150 palabras para contrastar los comedores populares con el sector público estatal y con el sector privado capitalista.

3 Escribe 100 palabras en español para explicar los siguientes puntos.

- In many poor countries, farmers have been encouraged to grow coffee as a cash crop.
- The more coffee is available, the lower the price falls.
- Coffee prices are dependent on its value in world markets, not the cost of producing it.
- In a bad year growers have little to sell.
- In a 'good' year, the prices fall.
- Growing coffee involves a considerable investment for a small farmer.
- Coffee production puts pressure on soil quality and water supply.
- Harvesting coffee provides a large amount of work for a very short period of the year.
- Processed coffee attracts more stable prices than beans.
- First-world countries put higher import tariffs on processed coffee.

1a Con un(a) compañero/a túrnate para identificar diferencias entre las dos casas. Quien encuentre más diferencias gana.

1b Describe la vida de las familias que imaginas que viven en estas dos casas.

2a S Escucha las veces que necesites el reportaje sobre los comedores populares y escribe en español las palabras exactas del texto que escuchas.

2b Convierte lo que has escrito en apuntes y explica a un(a) compañero/a qué son los comedores y cómo funcionan.

4a Lee la letra de la canción "El costo de la vida" de Juan Luis Guerra (página 19). Con un grupo de compañeros/as, compón un ritmo y una melodía y canta la canción a la clase.

4b Investiga en Internet las referencias a la UASD, la Pedro Henríquez, el Lina, el ONATRATE y prepara una presentación sobre la vida en Santo Domingo.

Salud y sanidad

Al final de esta unidad, sabrás abordar los siguientes temas:

- la vida cotidiana – los abusos y el estrés
- aspectos de los sistemas de seguridad social
- la salud mundial y pandemias

Sabrás mejor:

- utilizar el subjuntivo
- hacer un buen resumen (oral o escrito)

1 🗣 Discute con un(a) compañero/a.

1 ¿Cuál de los temas de salud te preocupa más?
2 ¿Cuál es, en tu opinión, el problema más grave de la actualidad?
3 De los problemas identificados, ¿cuáles son problemas causados por nosotros y qué soluciones tienen, en tu opinión?
4 ¿Deberíamos donar nuestros órganos automáticamente al morir? ¿Es una obligación social/moral? Escribe tres beneficios y tres peligros y justifica tus ideas.

2 🎧 Escucha esta conversación entre unos jóvenes y anota:
a el problema
b un detalle

Un brindis por la vida

Saber mantener el equilibrio en la vida cotidiana es la clave para tener una vida larga y feliz.

Una nueva forma de alimentarse

El departamento de Salud Pública y Nutrición de la Universidad de Harvard acaba de proponer una nueva pirámide de los alimentos, que reforma sustancialmente la que está vigente.

La pirámide de vida saludable

La pirámide de ayer

La nueva propuesta

Puede no ser la definitiva, pero puso el dedo en la llaga en el sentido de que la pirámide adoptada en 1992 "está mal diseñada y debe modificarse". Esta figura geométrica muestra la proporción en que deben aparecer los tipos de alimentos en una dieta saludable cuya base es el ejercicio.

La nueva propuesta deja el arroz, las pastas, las patatas, el pan blanco y las carnes rojas, que formaban la base de la anterior pirámide (el puesto más importante) en la cúspide (el de menor relevancia). Esto no quiere decir que sean alimentos malos o que se deban eliminar de la dieta; lo que se sugiere es un consumo moderado. Los aceites vegetales también quieren liberarse de la mala fama de las grasas en general.

1a Lee el texto y elige la frase que mejor lo resuma. Justifica tu opinión.

   a Harvard pone patas arriba lo que hasta hoy creíamos que era la dieta modelo.

   b Nueva línea dietética abandona las antiguas ideas sobre la nutrición ideal.

   c Lo que antes se consideraba la base de una dieta media buena hoy día se cree menos saludable y hasta dañina.

1b Prepara unas preguntas para hacer un sondeo en clase sobre lo que se come. Compara los resultados con lo que acabas de leer y discute las implicaciones.

¿Qué?	¿En qué cantidad?	¿Cuándo?	¿Cuántas veces?

2a 🎧 Escucha el informe. Identifica una palabra o frase clave y escríbelas en el orden oído.

etapa	el ratón	legales
mercadeo	recreacionales	recetas
comprar	diseñadas químicamente	
licencia	pedir por Internet	"inventados"

2b Empareja las dos partes para hacer una frase completa.

  1 El informe avisa de que

  2 No habla de drogas médicas

  3 Nada más hay que

  4 Estas nuevas drogas

  5 Se conocen por

  6 Es bastante fácil

  7 El Reino Unido es uno

  8 Un doctor americano

  9 Fue posible porque

  10 Ya de viejo decidió

  a inventó un gran número de estas drogas.

  b no tienen nombres como antes.

  c publicar las recetas en un par de libros.

  d se está comenzando una nueva fase.

  e su trabajo consistía en descubrir nuevas drogas.

  f sino de drogas llamadas recreacionales.

  g las letras de los elementos químicos.

  h pulsar una tecla en el ordenador.

  i de los pocos países donde no son legales.

  j comprar los elementos químicos.

2c Escribe unas frases para resumir el informe que acabas de escuchar. Lee la página 33 (¡Atención, examen!) sobre los resúmenes.

3a Lee el texto y contesta a las preguntas.

1 ¿Cómo funciona esta nueva terapia?
2 ¿Por qué dice que es benéfica?
3 Según el texto, ¿qué grupos de personas se dejan seducir por la publicidad?
4 Traduce al inglés el último párrafo (desde "Hoy día …").

La ozonoterapia

Es una nueva terapia alternativa muy eficaz y natural que se está utilizando para tratar enfermedades para las que hasta ahora no se conocía más que la tradicional. Además de dar resultados espectaculares, según los profesionales es indolora, rápida y no tiene efectos secundarios. Actúa como potente antioxidante estimulando los glóbulos blancos, lo que aumenta las defensas del organismo ante agresiones externas, transportando más oxígeno a las células y mejorando la circulación en general. La terapia se aplica con una inyección lenta directamente al área afectada o a la sangre sacada del paciente la cual se transfunde nuevamente.

He aquí un ejemplo de las nuevas terapias benéficas pero cuántas más hay que nos seducen con la promesa de una larga vida activa; de un cuerpo ideal; de ganar trofeos corriendo o saltando cada vez más rápido o distancias más largas que nuestros competidores. La lista es interminable.

Hoy día nos quedamos pasmados ante el continuo bombardeo publicitario de terapias, cremas, suplementos, pastillas, ejercicios que ya se han convertido en una nueva industria con nosotros, los seres humanos, como blancos crédulos de la propaganda que nos rodea.

3b Discute con un(a) compañero/a lo que significa "se ha convertido en una nueva industria". Da unos ejemplos y coméntalos.

4a Escucha el diálogo y contesta a las preguntas.

1 ¿Cómo describe el síndrome?
2 ¿En qué año fue descrito así?
3 ¿Cuántas características lo definen?
4 ¿Cuáles son las cuatro características que definen esta forma de trabajo?
5 ¿Qué grupo padece más el "burnout"?

4b Escribe una frase para cada punto indicado.

◆ definición
◆ síntomas
◆ trabajo
◆ grupos

4c "No al estrés, sí al bienestar."
Prepara un póster para una campaña para los jóvenes ejecutivos.

5a ¡Un día todos llegaremos a ser viejos! ¿Cómo te imaginas a la edad de 60 años? Discútelo con un(a) compañero/a.

5b ¿Qué consejos le darías a una persona mayor? ¿Cómo deberíamos tratar a la tercera edad? Usa los verbos de abajo y lee la Gramática en la página 32 (¡Atención, examen!).

aconsejar que	proponer que
decir que	recomendar que
pedir que	

Extra Completa las actividades en la Hoja 7.

¿Seguridad? ¿Social?

La lotería del código postal – "Dime dónde vives y te diré cómo te tratan" – es una preocupación central.

1a 🎧 Escucha el informe: ¿Cómo van en la liga sanitaria entre las CC.AA? Antes de escuchar prepara el vocabulario clave.

bucodental	mental	oncología
Sida	cirurgía	cardiología

	CC.AA	bien	regular	mal	muy mal	no se dice
Ejemplo: cirugía	Canarias				X	
	Madrid					
	Valencia					
	Castilla–La Mancha					

1b 🎧 Escucha otra vez la última pregunta.
- ¿Cómo se compara con el sistema en el RU? Explica cómo funciona el sistema británico a una persona hispanohablante.
- 👥 ¿Cuáles son tus experiencias del sistema en tu región? Cuéntalas a un(a) compañero/a. ¿Cuáles son los aspectos positivos o tienes algunas quejas?

2a Lee el texto e indica verdad (V), mentira (M) o no se menciona (NM). Explica por qué.

1 La Seguridad Social comenzó en 2003.
2 La nueva ley tiene vigencia desde mayo de 2003.
3 Tiene como objetivo mejorar el sistema actual.
4 Todo el mundo podrá operarse gratuitamente.
5 Toda evaluación será llevada a cabo por equipos internos.
6 Se podrán comparar las estadísticas de cada Comunidad Autónoma.
7 Cada año espera suministrar datos informativos.
8 Mantendrá los equipos sanitarios de cada hospital.
9 Cada persona tendrá derecho a una tarjeta personal.
10 Tendrá que obtener otra tarjeta europea.

2b Escribe las frases subrayadas de otra forma tratando de reducir la cantidad de palabras usadas.

La Ley de Cohesión y Calidad del Sistema Nacional de Salud está en vigor desde finales de mayo de 2003 cuando se puso en marcha una nueva restructuración de órganos y funciones cuyo objetivo es mejorar la calidad y potenciar la equidad en el sistema sanitario tanto público como privado. No sólo concierne lograr mejores resultados sino que pretende garantizar la seguridad, la accesibilidad de espacio y tiempo, la información, la elección del usuario y la humanización de la asistencia.

La Agencia Nacional establecerá normas estándar y realizará una evaluación externa y periódica; el Observatorio del Sistema Nacional de Salud fomentará el desarrollo y la elaboración de un informe anual sobre el estado nacional y el Instituto de Información Sanitaria facilitará información objetiva, fiable y comparable sobre el sistema y se encargará de realizar estadísticas sanitarias estatales y supracomunitarias.

Una de las tareas claves de este organismo informativo es la del mantenimiento de la tarjeta sanitaria individual que facilitará el acceso de los ciudadanos a los servicios y prestaciones del Sistema Nacional de Salud. El instituto generará el código de identificación personal y mantendrá la base de datos de los asegurados. Esta misma tarjeta se homologará con la tarjeta sanitaria europea.

3a Lee el texto y pon los puntos claves en orden luego añade un detalle a cada uno.

Puntos claves		Detalles	
1	telemedicina	a	cuatro días a pie/por río
2	un aliado	b	a la salud
3	beneficia a	c	para la detección de enfermedades
4	hace 4 años		
5	las regiones	d	la informática ha ahorrado mucho dinero
6	morían		
7	remitidos	e	los pacientes
8	derecho	f	de la Universidad Nacional de Colombia
9	adelanta tratamientos		
		g	en varias enfermedades
10	viaje	h	más apartadas
11	la tecnología	i	las poblaciones indígenas
12	un servicio	j	inútilmente
		k	garantiza diagnósticos
		l	analizar radiografías a distancia

3b Escribe un resumen del texto de unas 100 palabras usando los puntos claves.

3c ¿Cuáles son las ventajas y los inconvenientes de este sistema, en tu opinión?
La persona A hace una lista de argumentos a favor y la persona B hace una lista de argumentos en contra. Basad vuestras ideas en el texto y añadid otras ideas vuestras, luego discutidlas.

Telecomunicaciones al servicio de la salud

El centro de Telemedicina de la Universidad Nacional de Colombia se ha convertido en un aliado para la detección de enfermedades a través de satélite e Internet ahorrando al estado unos 250 millones de dólares. Además y lo mejor es que el programa beneficia especialmente a las poblaciones indígenas de las zonas más remotas del país.

Precisamente en el uso social radica el papel que viene cumpliendo este centro que hace cuatro años logró por primera vez analizar radiografías a distancia, en un progresivo trabajo de sobrellevar la falta de comunicación y de tecnología que predomina en las regiones más apartadas del país.

Antes de que existiera el centro de telemedicina sucedían dos cosas igualmente desafortunadas: o morían los pacientes por falta de un diagnóstico preciso o eran remitidos inútilmente a la capital a un costo excesivo. Otra cara de la misma moneda es que la gente minoritaria también tiene derecho a la salud, pero ningún experto se va fácilmente a la periferia del país y el trabajo que puede hacer allí es mucho menor de lo que costaría su salario.

Hoy en día el hospital de Leticia adelanta tratamientos en tuberculosis, tumores, problemas cardíacos, VIH/Sida y hongos en la piel, entre otros. Para los indígenas la llegada al puesto de salud más cercano puede significar por lo menos cuatro días de viaje por río o a pie, o a veces llegar a un destino desconocido como Bogotá a unos 1.044 km de distancia, donde debe esperar entre 8 y 15 días para ser atendido y dejar a su familia, cultura y entorno. Esta odisea, trasladada a números, permite confirmar que la tecnología informática le ha ahorrado al sistema de salud más de 250 millones de pesos, convirtiéndose así en un servicio que, pese a la distancia, garantiza diagnósticos como si se hicieran cara a cara.

La salud mundial

Las enfermedades infecciosas son responsables de más de la mitad de las muertes de los países en vías de desarrollo.

Vivir con el VIH/Sida

Con más de 50 millones de personas afectadas (cifra que aumenta cada día más), <u>un sin número</u> de muertos y gritos de furia global las compañías farmacéuticas han tenido que <u>revertir</u> su política de costes y reducir el precio de los medicamentos. Todo esto cuando se sabe que la pandemia está todavía <u>en su infancia</u>. El Sida no sólo mata a la gente sino también el desarrollo de un país. Debimos haber hecho más mucho antes y debemos estar haciendo aun más ahora mismo; en ciertos países subsaharianos más del 40% de la población está afectado; en otros los esfuerzos de prevención y educación parecen haber <u>dificultado el paso</u>.

La lucha contra el Sida ha llegado a <u>una cruce de caminos</u>: o podemos seguir <u>paulatinamente</u> con un poco de ayuda aquí y acá o podemos <u>respaldarla</u> con todos nuestros conocimientos, recursos y esfuerzos – <u>la elección es nuestra</u>.

1a Lee el texto. Escribe cinco palabras o frases claves luego añade unos detalles.

1b Busca entre las frases subrayadas los equivalentes de:
1 retenido el progreso
2 retroceder
3 la decisión está en nuestras manos
4 innumerable
5 poco a poco
6 una encrucijada
7 apoyarla
8 apenas ha comenzado

1c Escribe dos o tres frases con tus propias palabras para resumir el texto.

2a 🎧 Escucha la primera parte de un reportaje sobre los virus que amenazan con una epidemia global. Relaciona cada punto clave con una cifra.

Puntos claves		Cifras	
1	la gripe española	a	1957
2	genes	b	40 millones
3	la primera guerra mundial	c	XX
4	la gripe de Hong Kong	d	1918
5	soldados muertos	e	47.000
6	el siglo	f	ocho millones
7	la gripe asiática	g	un par de

2b 🎧 Escucha la segunda parte y contesta a la pregunta: ¿Qué comentario se hace sobre las pandemias catastróficas? (5 detalles)

2c 🎧 Escucha la tercera parte todas las veces que necesites y escribe frases enteras usando las dos partes de abajo.

1 es necesario que
2 es de temer que
3 es imperativo que
4 urge que
5 es una pena que
6 hace falta que
7 es de esperar que
8 es preciso que

a (haber) colaboración internacional.
b (controlarse) la situación inmediatamente.
c los gobiernos (responder) abiertamente.
d los laboratorios (trabajar) sin más demora.
e (identificarse) el patógeno adecuado.
f los especialistas (dar) prioridad a la crisis.
g no (tener) una vacuna eficaz.
h no (producir) las dosis necesarias.

Españoles contra la malaria

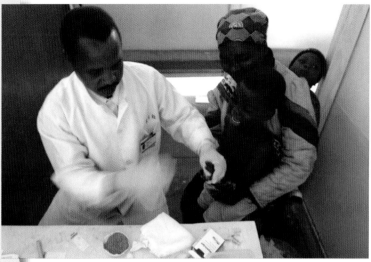

Respaldado por una donación impresionante de Bill Gates de unos 168 millones de dólares, un grupo de españoles trabaja día y noche en el Centro de Investigación de Salud de Manhiça en Mozambique para luchar contra la malaria, enfermedad que asuela los países más pobres del mundo. <u>Bajo la dirección del</u> científico madrileño Pedro Alonso, un equipo de unas 230 personas trata de combatir, según ellos, la injusticia de la discrepancia entre el acceso a la medicina ofrecida a los ricos y a los pobres. "Existe una íntima conexión entre la pobreza y la enfermedad; la gente se enferma porque es pobre, y es pobre porque se enferma," declara Alonso cuyo eslogan es "Combatiendo la enfermedad, promoviendo el desarrollo".

<u>Aquí el enemigo número uno es la malaria</u> que mata a 3.000 niños africanos cada día y de hecho el sueño de Alonso junto con su mujer la doctora Clara Menéndez es una vacuna que inmunice a los niños <u>cuyo gran reto cotidiano</u> es la supervivencia.

De la nada Pedro Alonso y su equipo han creado un centro que, como todas las grandes instituciones médicas y de salud pública <u>en cualquier lugar del mundo</u>, hace tres cosas: investigar, generando nuevos conocimientos; cuidar de la gente, ofreciendo servicios hospitalarios, y formar a las próximas generaciones. "Lograr la igualdad en la salud mundial, para que las probabilidades de que un niño nacido en Mozambique sobreviva y tenga una vida larga y plena sean las mismas que en el caso de un niño nacido en Europa o Estados Unidos es el objetivo sencillo y a la vez enorme de la Fundación Gates y <u>la única forma de realizarlo</u> es participar en esos problemas abrumadores sin que nosotros mismos nos sintamos abrumados" afirma el mismo director. De hecho <u>se ha pasado la mayoría de su vida</u>, desde que recién casado se fue a la Gambia en 1987, cuando no había ni Internet ni móviles investigando y enseñando a otros para que ellos mismos <u>puedan llevar las riendas</u> de la investigación científica en su propio país.

3a Lee el texto y escribe una frase para cada punto clave.

1 donación
2 enfermedad
3 injusticia
4 objetivo
5 centro

3b Escoge cinco palabras claves del texto. Escribe una lista de sinónimos y antónimos para cada una. Cambia de lista con un(a) compañero/a y trabaja en su lista.

Ejemplo: impresionante: sinónimo = sensacional, antónimo = insignificante

3c Busca una palabra o frase alternativa para las frases subrayadas.

Ejemplo: bajo la dirección de — dirigido por

3d 👥 Con un(a) compañero/a discute esta frase y explica lo que significa para ti.
"La gente se enferma porque es pobre, y es pobre porque se enferma."

3e Inventa cinco titulares y elabora una presentación oral sobre el trabajo del centro de Manhiça.

3f Imagina que eres una persona que trabaja con el grupo. Escribe un reportaje sobre un día típico allí.

3g Imagina que tu amigo/a quiere ir a trabajar allí. Escribe una lista de preguntas para ayudarle durante la entrevista. Prepara las respuestas.

¡Atención, examen!

The activities on these pages will help you to:
- use the subjunctive with more confidence
- write a summary in Spanish

| Gramática | ⇨ 130 ⇨ W53 |

The subjunctive so far – uses and tenses

● Formation

A Revise how to form the tenses of the subjunctive mood then classify these verbs according to their tense.

present	perfect	imperfect	pluperfect	immediate future

haya llegado   hubiéramos sabido   tengáis
estudiara   vayan a visitar   diga
pusiese   puedas   hubiera
                sepan

● Uses

Remind yourself why you need to use a verb in the subjunctive mood.

B Why is the subjunctive used in these sentences?

wanting/wishing	requesting	advising
permitting	approving	preventing
opposing	value judgements	

expressing ...

joy	fear	anger
shame	hope	pity
suspicion	sorrow	surprise

1 Todo el mundo quiere que se encuentre una cura para el Sida.
2 El dentista me aconsejó que limpiara los dientes con más frecuencia.
3 Mis padres insisten en que regrese a casa antes de las once durante la semana.
4 El Gobierno espera que se reduzcan los días de espera para operarse.
5 Me alegro de que te hayas recuperado tan rápido.

6 Es escandaloso que no haya suficientes enfermeras en este hospital.
7 Nos parece muy bien que vayan a construir una residencia para la tercera edad en el pueblo.
8 Mi padre no quiso que mi hermano bebiera tanto.
9 Le rogaron que dejase de fumar.
10 Se opusieron a que trabajara tantas horas.

C Decide if these sentences require a subjunctive or not and say why.

1 Mis padres nos prohibieron (beber) vino en la fiesta.
2 Mi madre me aconsejó que (acostarse) porque tenía fiebre.
3 Lamento que usted (estar) enfermo.
4 El médico sospechaba que no le (decir) la verdad.
5 El cirujano le mandó (operarse) en seguida.
6 Esperamos que no (ir) a fumar en la sala de espera.
7 Me alegro (ver) tu cara saludable y sonriente.
8 Estuvimos contentos de que (ponerse a) estudiar medicina.
9 Esperamos que (seguir) nuestros consejos.
10 Nos dio vergüenza (leer) el reportaje sobre la situación actual de la seguridad social en esta CC.AA.

D Read this short text and decide which of the verbs would need to be in the subjunctive when translated into Spanish. Decide which tense is required and then write out the text in Spanish.

A recent study by the World Health Organization regretted that British youngsters ranked worst for alcohol abuse in the largest survey of children in Europe and North America. Not only were they drinking more often, they were also drinking more. Even where some other countries have ▶

high rates of drinking, teenagers are not drinking to the point of being drunk. This is something very important that we need to address because we fear that it is something about the way we drink that is the problem. It is possible that this habit is so embedded in our culture that it will be very hard to change it.

Gramática  122 ⇨ W23, 24

Pronouns

Revise direct and indirect object pronouns and the order they follow.

Extra Hoja 8 provides further examples and practice.

Técnica

Making a summary of a listening or written text

You summarize all the time, often without realizing what you are doing. Follow these steps carefully:

- Make sure you know what information you are being asked to extract – underline it in the questions if there are any.
- Decide by how much you need to reduce the text.
- Listen or read several times to extract the gist.
- Focus on the key words, phrases or expressions and think of alternatives (make abbreviations if listening).
- Gauge the register, looking for humour, irony and mood. Is the piece serious, exaggerated or sensational?

- Use your own words to relate the main ideas or pieces of information.
- Put the most important ideas first – which may not appear first in the text itself.
- Make it fairly impersonal, e.g. 'X (the author) says/thinks/argues/suggests that …'.
- Group ideas or points together where possible. For example, in a text mentioning SARS and Aids you could use the word 'pandemics' to cover both.
- Use one adjective or adverb to save on longer phrases or descriptions.
- Do not include your own ideas unless specifically asked to do so.
- Make sure the end piece flows smoothly and follows a logical sequence.

Now try re-telling a holiday, a film or a party episode to a partner. Note how you always cut to the best bits and discard the dull and irrelevant parts!

1 In groups of three practise listening to a friend recounting an episode of a soap or documentary or news item and make notes. Compare notes and see what you agree on:

- What is absolutely essential? How much do you agree on?
- What do you think is extra detail but might be useful if you can find a way of expressing it in fewer words?
- What is extraneous or superfluous and therefore you are not going to include in your final summary?

2 Listen to this discussion several times, as follows.
a Focus on the different sections.
b Focus on the questions.
c Focus on the answers and points of view expressed.
d Choose some appropriate headings for the sections.
e Decide what is essential information and what is extra detail.

Extra Hoja 9 provides further examples and practice.

A escoger

1a Completa las frases usando una frase clave de abajo.

1 .... (seguir) una dieta equilibrada.

2 .... (aumentar) el consumo de frutas, verduras y leguminosas.

3 .... no (omitir) ninguna de las tres comidas principales diarias.

4 .... (moderar) el consumo de alimentos de origen animal.

5 .... (utilizar) aceite vegetal de maíz, girasol, oliva y canola.

6 .... (reducir) el azúcar y la sal.

7 .... (preferir) preparaciones a la plancha, horneadas, a la parilla o al vapor.

8 .... (hacer) ejercicio diariamente.

> nos aconsejan que   nos recomienda que
> nos propone que   confía en que   esperan que
> desea que   quiere que   insisten en que

1b Ahora dile a un(a) compañero/a que siga cada instrucción de 1a.

Ejemplo: *Sigue una dieta equilibrada.*

2a S Escucha el informe y relaciona cada cifra con una palabra o frase.

> 1.000   5°   75%   500.000   7.800   2010

> europeos matados   hectáreas
> cultivadores   fin del subsidio   productor
> tabaco   el año   se cultiva   euros

2b Escoge las cinco frases adecuadas.

1 En Bruselas hubo una discusión aferada sobre el futuro del tabaco.

2 Los cultivadores europeos ya no reciben más subsidios.

3 La salud triunfará sobre el tabaco.

4 Dicen que se justifica fumar.

5 La mayoría de los cultivadores son griegos e italianos.

6 Hay una campaña contra los cultivadores.

7 Hasta ahora se ha considerado el tabaco como alimento.

8 Van a acabar con el apoyo estatal en el año 2010.

3 Lee el informe. Explica lo que significa y luego discutid vuestras ideas en grupos.

> En la Generalitat Valenciana, queremos una asistencia sanitaria pública humana de calidad, sin listas de espera, rápida y eficaz, y en la que todo el mundo tenga derecho a elegir libremente médico y hospital. Por ello, estamos creando nuevas infraestructuras sanitarias, promoviendo la formación profesional y fomentando un uso racional de los medicamentos. En la Generalitat Valenciana, estamos impulsando la investigación y la aplicación de los nuevos avances científicos para la protección de la salud de todos los ciudadanos y ciudadanas de nuestra Comunidad.

4 Escribe un ensayo de unas 350 palabras sobre uno de los siguientes temas:

1 ¿Sanidad pública, privada, o una mezcla de las dos? ¿Cómo debe ser el sistema de salud, en tu opinión?

2 La búsqueda para la juventud eterna se ha convertido en un mercadeo masivo.

3 La prohibición: ¿aumentarla o levantarla? ¿Cómo se puede erradicar el problema de las drogas en la sociedad actual?

Repaso Unidades 1–3

Al contrastar las listas de las causas principales de muerte de América Latina y de Estados Unidos, los resultados son idénticos pero a la inversa. Las enfermedades intestinales transmisibles encabezan la lista en América Latina, seguidas por accidentes o muerte violenta. El cáncer y el infarto se relegan al tercer y al cuarto puesto. Todo lo contrario en el país norteño: Las enfermedades cardíacas y el cáncer son los responsables de la mayoría de las muertes; la violencia casi no figura, y la diarrea simplemente da lugar a chistes de mal gusto.

En los países menos desarrollados la diarrea no tiene nada de risible, porque las infecciones transmisibles por el agua matan cada año a millones, sobre todo entre los más jóvenes. El Banco Mundial ha reconocido el problema de la falta de acceso a agua limpia y ha animado a los gobiernos a otorgar la responsabilidad de la suministración del líquido vital a empresas privadas para que inviertan en la infraestructura requerida.

Empresas estadounidenses, francesas y británicas intervinieron en países como Bolivia y Argentina pero encontraron que aunque hay mucho trabajo que hacer, es difícil que los más pobres paguen la conexión al sistema, o que se permitan consumir el producto en grandes cantidades.

1a Lee el texto y decide si las siguientes frases son verdaderas (V), falsas (F) o si no se mencionan (NM).

1 En América Latina las principales causas de muerte son evitables.
2 En América Latina las infecciones intestinales no son graciosas.
3 El Banco Mundial pide permiso a los gobiernos para instalar la infraestructura necesaria.
4 Las empresas a las que dieron las concesiones son extranjeras.
5 Es difícil sacar ganancias de los pobres.

1b Completa las siguientes frases con tus propias palabras según las ideas del texto.

1 Las causas de muerte en América Latina y en Estados Unidos son …
2 La diarrea en Estados Unidos se reduce a …
3 En América Latina la diarrea …
4 Los que más sufren son …
5 El Banco Mundial quiere que los gobiernos …
6 El resultado de involucrar a empresas extranjeras ha sido …

2 🎧 Escucha a las personas 1–3. Decide a cuál corresponden las siguientes ideas.

Ejemplo: a = 2

a Se invierte para luego sacar beneficios financieros.
b Activa la economía local.
c La falta de agua afecta las oportunidades de mejorarse.
d Tiene en cuenta las necesidades de la población.
e Si cuesta demasiado, los pobres no toman el agua del sistema.
f La inversión es insuficiente.
g Puede causar protestas violentas.
h Puede superar problemas posteriores después de la inversión inicial.
i Beneficia al centro, pero no a la periferia.

3 Escribe 150 palabras sobre el problema del agua y sus posibles soluciones. Incluye información de esta página y tus propias reacciones y opiniones.

"La varita milagrosa de San José"…

… nombre con el que se conocen varias especies de plantas endémicas de Colombia, podría ganarse un lugar preferencial en la historia de la lucha contra el mal de Alzheimer.

El investigador Fabio Cabezas descubrió que en sus tallos, hojas y flores se encuentra la galantamina, un alcaloide usado para mejorar la calidad de vida de quienes sufren esta demencia degenerativa.

Actualmente los científicos extraen la sustancia de una especie de narcisos y tiene un precio en el mercado de unos 80 dólares por miligramo. Por esta razón Cabezas cree que el cultivo de las amaryllidaceae (parecidas al lirio blanco) sería una alternativa para la sustitución de cultivos ilícitos tanto de coca como de amapola ya que requieren la misma temperatura. "Mi objetivo es que se genere empleo para campesinos y desplazados que necesitan un cultivo rentable para sobrevivir en la legalidad".

Esta planta se da desde Bolivia hasta Guatemala con las mayores concentraciones en Colombia y Ecuador. Sin lugar a dudas, el hallazgo de esta sustancia es una forma de cerrar con broche de oro los 27 años de estudios científicos que lleva desarrollando el profesor Cabezas.

4 Lee el texto y decide si las frases siguientes son verdaderas (V), falsas (F) o si no se mencionan (NM).

1 Trata de un medicamento endémico en Colombia.
2 Fabio Cabezas es un científico que busca soluciones en las plantas.
3 Es una planta indígena que se encuentra en Colombia, entre otros países latinoamericanos.
4 Los narcisos se venden en el mercado a 80 dólares cada uno.
5 El mal de Alzheimer es una demencia degenerativa.
6 Hay muchos indígenas que cultivan la coca.
7 Sería un cultivo alternativo y lícito.
8 El profesor Cabezas lleva 27 años realizando estudios científicos.

5 Prepara una respuesta oral a una de las siguientes afirmaciones.

a Se justifica la criminalidad cuando la pobreza es intolerable.
b El desarrollo económico necesita grandes inversiones: o del Estado, o del sector privado.
c Es siempre preferible una solución local.

6 Explica en español el siguiente texto, mencionando los puntos siguientes:

1 la relación entre pobreza y geografía en la ficción
2 la relación entre pobreza y geografía en la historia
3 la relación entre pobreza y geografía en la realidad
4 la relación entre geografía y la salud

From the novels of Gabriel García Márquez we are familiar with a Latin American landscape which exudes torpor and irremediable decay. The fictional inhabitants of this artificial desert have given up struggling against the elements, and the politicians who sold the dreams of a better world have made a literal reality out of the expression "dereliction of duty".

But is the impact of geography more than just a pathetic fallacy? The nineteenth-century builders of the Panama Canal discovered that their tools rusted and fell apart. Books, clothes, instrument cases grew mould. Furniture fell apart as the glue softened. And the workers contracted malaria and yellow fever.

The poverty gradient in Latin America closely matches geographical location. As you approach the tropics GDP declines, with the richer countries lying to the South and North; the poorest nearer the equator. Tropical countries have an average income one-third of that of non-tropical countries. Infant mortality is significantly higher in the tropics than in temperate zones. Agricultural yields are lower and life expectancy is shorter.

Perhaps the futility stems from imposing the technological and economic solutions of the richer North. Repeated failure does not seem to have taught us to look for another solution, instead of dreaming of a different world.

El transporte

Al final de esta unidad, sabrás abordar los siguientes temas:

◆ el coche y los problemas viales – accidentes y normas de circulación

◆ el transporte como servicio público

◆ el politiqueo versus el medio ambiente

Sabrás mejor:

◆ utilizar el subjuntivo

◆ explicar un texto inglés a una persona hispanohablante

1a 🎧 Escucha el informe noticiero: ¿Qué transporte menciona? Añade un detalle.

1b 🎧 Escucha otra vez y anota todas las palabras conectadas con transporte.

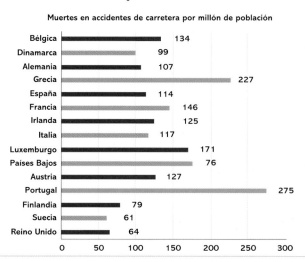

Muertes en accidentes de carretera por millón de población

País	Muertes
Bélgica	134
Dinamarca	99
Alemania	107
Grecia	227
España	114
Francia	146
Irlanda	125
Italia	117
Luxemburgo	171
Países Bajos	76
Austria	127
Portugal	275
Finlandia	79
Suecia	61
Reino Unido	64

2 ¡Las cifras cantan! Discute las diferencias entre los países europeos.

3 Lee el texto y explica las estadísticas con tus propias palabras.

El efecto James Dean – no corre prisa

Los accidentes de tráfico son la principal causa de muerte entre la juventud española. Por esta razón, la compañía Línea Directa Aseguradora ha realizado un estudio para ver cuáles son las infracciones más comunes entre los jóvenes. La velocidad es, sin duda, la estrella, especialmente entre los 25 y los 35 años; edad ésta en la que en torno al 30% de estos conductores supera el límite de velocidad en todos los tipos de vía.

Yo amo a mi coche

El coche se ha convertido en un símbolo de estatus social, de poder adquisitivo y una extensión de nuestra personalidad. ¡Dime qué coche conduces y te diré quién eres!

1a Lee el texto y completa las frases de abajo con tus propias palabras.

1 La palabra "tuning" quiere decir …
2 Los tuneros son …
3 Lo que les distingue es …
4 Diferentes países se identifican por …
5 A muchos les encanta …
6 Suelen gastar …

1b 🎧 Escucha la entrevista con un tunero y contesta a las preguntas.

1 ¿Cómo comenzó el tuning en España?
2 ¿Cómo es la situación actual? **3** ¿Qué significa el tuning para la gente que lo practica?
4 ¿Cuánto se gasta por medio más o menos en la afición?

> ITV = Inspección Técnica de Vehículos (parecida a la MOT británica)

1c ¿Tú, qué opinas del tuning? ¿Qué modificaciones harías a tu coche? ¿Por qué?

2a Usando las frases claves de abajo escribe cómo deberíamos cambiar nuestra actitud hacia el coche. A ver la Gramática en la página 40.

Frases claves

Es imprescindible que …   Es necesario que …
Dudo que …   Ojalá …
Es poco probable que …   Aunque …
Basta con que …   Con tal de que …
Es hora de que …   Es mejor que …

Los tuneros
¿Quiénes son los tuneros?

Tienen su origen en los EEUU con tipos como James Dean y Elvis, luego llegaron al norte de Europa y hoy por hoy arrasan a España. Es un fenómeno que cuenta con millones de adeptos; dedican su cuerpo, alma y sobre todo la cartera a esta palabra "tuning" – una de las veinte más buscadas en Internet – término anglosajón que se define como el "arte" de poner a punto y mejorar el aspecto exterior e interior de tu coche.

El tuning no es una moda; es una filosofía de la vida. Los aficionados al "tuning" en España son jóvenes entre 18 y 25 años, visten a la última moda, llevan el móvil más novedoso con logos y carcasas de última generación y gastan más de la mitad de su sueldo en su coche. Cada país tiene sus señas de identidad específicas; los alemanes son especialistas en modificar motores sin prestar demasiada atención a la estética agresiva; los españoles, sin embargo, influidos por los EEUU tienden hacia las carrocerías muy modificadas, pintadas de distintos colores, pero lo que los distingue sobre todo es la inversión desorbitada en equipos electrónicos. En el interior no es raro encontrar pantallas plasma, reproductores de DVD, y el maletero lleno de altavoces – imprescindible al menos un subwoofer y un Playstation último modelo.

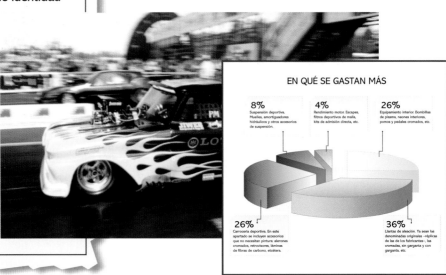

EN QUÉ SE GASTAN MÁS

8% Suspensión deportiva. Muelles, amortiguadores hidráulicos y otros accesorios de suspensión.

4% Rendimiento motor. Escapes, filtros deportivos de malla, kits de admisión directa, etc.

26% Equipamiento interior. Bombillas de plasma, neones interiores, pomos y pedales cromados, etc.

26% Carrocería deportiva. En este apartado se incluyen accesorios que no necesitan pintura: alerones cromados, retrovisores, láminas de fibras de carbono, etcétera.

36% Llantas de aleación. Ya sean las denominadas originales –réplicas de las de los fabricantes–, las cromadas, sin garganta y con garganta, etc.

2b Discute con un(a) compañero/a:
El coche tiene demasiada importancia en la vida actual.

3 Escucha la información sobre la nueva ley y completa el texto.

Desde enero de (1) .... la nueva Ley ha impuesto sanciones más duras:

◆ Faltas leves: no llevar puesto el cinturón de seguridad, utilizar el móvil, etc.
Sanción: hasta 91¤ .

◆ Faltas graves: conducción negligente, exceso de velocidad, etc.
Sanción: (2) .... y posible suspensión del permiso de conducir hasta 3 meses.

◆ Faltas muy graves: conducir ebrio, superar en (3) .... la velocidad limitada, etc.
Sanción: (4) .... y suspensión del permiso de conducir hasta (5) ....
Otras: circular sin matrícula, sin documentación o sin haber pasado la ITV. Sanción: multa (6) .... Posible suspensión del permiso durante (7) ....

4 Lee el texto y decide si las frases son verdaderas o falsas.

1 Los conductores gozan de una nueva carretera.
2 Muchos conductores llevan por lo menos tres días caminando por el desierto.
3 Pagan el peaje con el acelerador.
4 Cuando llegan a la nueva carretera pisan el acelerador.
5 Hay varios datos increíbles sobre la velocidad.
6 A veces hay coches que no son adecuados para conducir en la carretera.
7 Hay un grupo de Guardia Civiles que corren a toda mecha por la carretera.
8 Los fines de semana hacen carreras de coches.
9 Ponen relojes en el tramo de la autovía para tomarles el tiempo.
10 Cuando se conduce rápidamente no se ve la mayoría de las señales.

¡A toda mecha!

... pero la nueva vía, en perfecto estado y con un trazado gozoso ha abierto otro peligro: la velocidad. El conductor se siente como si llevara tres días andando por el desierto y encuentra una fuente de agua fresca. En muchas ocasiones lo pagan con el acelerador. En los últimos meses se han detectado 139 denuncias por exceso de velocidad y hay unos datos escalofriantes: un BMW a 226 kmh, un Opel a 219 – velocidades desorbitantes. Incluso vehículos que parecen que se van a descuajeringar circulan a más de 160 por hora.

Sin embargo uno de los acontecimientos más macabros detectados por la Guardia Civil es la existencia de un grupo de jóvenes que se dedican a competir en las noches del fin de semana. La descerebrada diversión consiste en que unos se colocan al comienzo del recorrido y otros al final para cronometrar el tramo de la autovía.

Además en la A-4 que va de Córdoba a Sevilla y Madrid, se han registrado velocidades que ponen los pelos de punta. Está estadísticamente demostrado que cuando se va a más velocidad de la permitida uno no ve cuatro de cada diez señales.

5 Discute con un(a) compañero/a luego contesta a las preguntas por escrito.

1 ¿Qué problemas hay en España relacionados con los coches?
2 ¿Qué modificaciones en la construcción de los coches ayudarían a la seguridad vial?
3 ¿Qué otras medidas crees que ayudarían a reducir los accidentes de tráfico?
4 ¿Quién(es) en tu opinión tiene(n) la mayor responsabilidad?
5 ¿Qué opinas del nuevo fenómeno de "el mal de la rabia vial"?

Extra Completa las actividades en la Hoja 10.

¿Cómo servir al público?

Cómo mejorar los medios de transporte es un debate que sigue siendo una piedra en los zapatos de todos los políticos.

1a 🎧 Escucha la discusión entre un señor y su mujer y contesta a las preguntas.

1 ¿Cuántas quejas se mencionan? ¿Cuáles son?
2 ¿Qué ideas tienen para mejorar el servicio de transporte de su barrio local?
3 ¿Son ideas sensatas, en tu opinión? Explica por qué.

1b Completa las frases 1–6 con los finales a–f.

1	Sería mejor que	a	coches especiales para gente con niños.
2	Hay atascos	b	la gente no los respeta.
3	Ojalá provean	c	cogiera el tren de cercanías.
4	Deberían controlar mejor los semáforos	d	dondequiera que vaya.
5	No le importan los demás coches	e	para que el tráfico circule más rápido.
6	Aunque haya carriles especiales	f	con tal de que los camiones vayan por otro carril.

2a Usa los verbos para hacer frases, luego clasifícalas según sean un problema o una solución. Usa las frases claves.

coordinar   crear   evitar   construir   organizar
establecer   prohibir   impedir

el sistema de transporte
parqueo obligatorio libre y vigilado
parqueos en las afueras que se comuniquen con
autobuses al centro
mejores y más redes de transporte colectivo
más carriles para bicicletas
zonas de peaje en las ciudades grandes
los atascos   las averías   los semáforos
el precio de la gasolina   el ruido   las emisiones
las multas   las zonas peatonales   la hora punta

2b Escribe una agenda "transporte":

◆ ¿Cuántas veces a la semana usas el coche?
◆ ¿Para qué?
◆ ¿Qué distancia recorres?
◆ ¿Qué otro tipo de transporte usas?
◆ ¿Cuánto gastas normalmente?

👥 Prepara más preguntas para un sondeo y presenta los datos a la clase.

3 👥 Discute con un(a) compañero/a:

1 ¿Cuáles son los problemas de transporte en tu barrio?
2 ¿Qué efecto tienen en la gente que vive allí?
3 ¿Qué soluciones propones? Justifica tus respuestas.

En parejas discutid y planead el sistema de transporte ideal que vais a presentar a la clase en forma de informe oficial – explicad los problemas actuales y las soluciones que proponéis.

4 Imagina a una persona (puede ser mayor de edad) que no tenga coche. Describe un día de su vida con no más de 200 palabras.

5 Escribe unas normas para acompañar a las señales. Usa otra vez las frases claves.

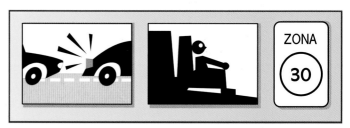

Frases claves

Es imprescindible que …	Es necesario que …
No creo que …	Es imposible que …
Es poco probable que …	Con tal de que …
Es hora de que …	A menos que …
Basta con que …	Dudamos que …

6a Lee el texto A y busca las frases españolas.

1 the faster the better
2 will travel suspended
3 hardly exceeds
4 thus opening up
5 a new era for the railways
6 at the same time as pushing it forward
7 have just unveiled
8 a more advanced model

A ¿Cuanto más rápido, mejor?

Los viajeros del futuro levitarán a 430 por hora

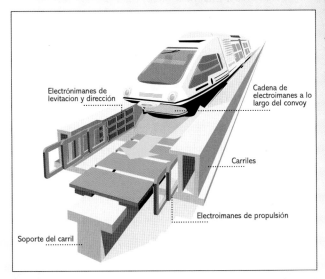

Electrónimanes de levitacion y dirección

Cadena de electroimanes a lo largo del convoy

Carriles

Electroimanes de propulsión

Soporte del carril

El tren de levitación magnética está ya preparado para batir récords de velocidad terrestre, una vez asegurada su seguridad y su comodidad.

El viajero se desplazará flotando a un palmo del suelo a unos 430 km por hora (el AVE apenas supera los 300 km), abriendo así una nueva era para el ferrocarril que, según los ingenieros, será el transporte más popular del siglo XXI. Su funcionamiento se basa en la repulsión de polos magnéticos de signo opuesto; es decir, los electroimanes situados en el tren y la vía mantienen "levitando" al convoy, a la vez que lo propulsan hacia adelante.

Además de este proyecto chino hay otros bastante avanzados en Alemania, EEUU, Japón e incluso en España. Un equipo de investigadores de la Universitat Autónoma de Barcelona acaba de presentar un modelo más avanzado de levitación magnética que emplea superconductores.

6b Lee el texto B y busca frases que signifiquen lo mismo.

1 Volará por el cielo.
2 Transportar el 30% más.
3 Va a cambiar por completo.
4 Gozarán de una comodidad.
5 Sus proporciones poco usuales.
6 Se vean obligados a cambiar de vuelo.
7 España a invertido.

B ¿Cuanto más grande, mejor?

Un gigante alado

Con un peso de 560 toneladas, el avión más grande del mundo surcará los cielos a partir del año 2006. Con una capacidad de entre 555 y 800 pasajeros, el Airbus 380 puede trasladar un tercio más que un Jumbo. Con 73 metros de largo, cuatro reactores y 560 toneladas de peso el avión europeo está en camino de revolucionar el mundo de la aviación. Además con dos pisos donde se encuentran un gimnasio ultramoderno, bares, casino y tiendas de lujo los pasajeros disfrutarán de un confort excepcional en cada vuelo.

No obstante, no todo son ventajas; su descomunal tamaño hace que no pueda aterrizar en todos los aeropuertos y que muchos pasajeros tengan que hacer trasborde a otros medios de transporte aéreos o terrestres.

La participación española en este proyecto ha sido tanto económica como técnica. Una decena de empresas ha participado en el desarrollo de importantes componentes, como el estabilizador horizontal, los timones de altura, el timón de dirección, la panza central, las trampas del tren principal de aterrizaje y el fuselaje posterior. La inversión española ha alcanzado los 1.180 millones de euros.

6c Escribe apuntes para presentar un resumen oral de uno de los textos.

7 ¿Elefantes blancos o desarrollo necesario del transporte? ¿Qué medio de transporte sirve mejor al público? Discutid en grupos.

En nombre del progreso

Todo se hace hoy día en nombre del progreso, pero ¿a qué precio? Muchas veces los daños a la comunidad y al medio ambiente son irreparables.

¡Otro Molino para Don Quijote!
En Ciudad Real llega el primer aeropuerto privado internacional.

En un lugar de La Mancha entre Ciudad Real y Puertollano a un erial económicamente deprimido destinado a recibir subvenciones de la UE se pretende dinamizarlo con la construcción pionera del primer aeropuerto internacional privado que a su vez abrirá un nuevo camino al transporte aéreo en España.

Con una inversión de 220 millones de euros y el apoyo del Gobierno, un grupo de empresarios, cajas de ahorros y ciertas instituciones de Castilla–La Mancha están construyendo otros molinos y gigantes para que nuestro caballero de la figura triste tenga otra lucha quijotesca – esta vez en forma de aviones en un aeropuerto que llevará su nombre.

En pleno centro de la Península donde se entrelaza el eje de alta velocidad Barcelona–Madrid–Sevilla, donde las carreteras unen el norte con el sur y la autovía Lisboa–Valencia el oeste con el este es el lugar ideal para este nuevo reto al entorno.

¿Cómo surgió este proyecto tan ambicioso? En 1995 nace la idea de revitalizar la zona; en 1997 se realiza un estudio de viabilidad y en 2000 se crea CR aeropuertos. La idea es que sea operativo las 24 horas del día todos los días del año. "La intermodalidad es fundamental en este aeropuerto." Madrid queda a unos 45 minutos y la red de carreteras y de ferrocarril convencional convierten al aeropuerto en un buen centro de distribución, sobre todo para productos agroalimentarios, perecederos en frío y carga seca.

En cuanto al respeto por el medio ambiente, uno de los mayores obstáculos en este desarrollo, los promotores han llegado a un acuerdo con el departamento de Ornitología de la Universidad Autónoma de Madrid para elaborar los primeros censos de aves que utilizan esa zona en sus migraciones, y han entrado en contacto con diversos grupos ecologistas y con los agricultores de la zona para hacer compatibles sus distintas actividades.

Se estima que en la primera fase se generarán casi 800 puestos de trabajo, unos 1.500 cuando esté en pleno rendimiento e indirectamente puede promover hasta 7.500 empleos.

Integración del aeropuerto Don Quijote en las redes de infraestructuras de Castilla-La Mancha y del resto de España

---

1a Lee el texto. Las frases siguientes son falsas. Conviértelas en frases verdaderas.

1 El aeropuerto se llama Puertollano.
2 Van a poner dinamita en el erial.
3 Todos los caminos conducen al aeropuerto.
4 La idea es trabajar 24 horas al día.
5 El medio ambiente crea obstáculos.
6 Los agricultores se encuentran incompatibles.
7 Ochocientas personas van a trabajar allí.

1b 🎧 Escucha el programa de radio y decide si la gente está a favor o en contra del nuevo aeropuerto. ¿Por qué?

1c Debate de clase: Las ventajas de semejante desarrollo sobrepesan a los inconvenientes.

1d Escribe unas 150 palabras dando cinco razones a favor y cinco en contra de la expansión de los aeropuertos. Menciona el ejemplo de esta página y otros que conoces.

2a Lee los mensajes. Decide quién está a favor y en contra del "progreso" y quién está indeciso/a. Explica por qué.

¡Protejamos nuestro entorno!

¿Mejoras en el transporte o deterioro del medio ambiente?

Mensaje de: Raimundo

Grito por el progreso siempre aunque en el caso de la carretera panamericana me parece un dilema bastante insoluble cuando considero que trata de invadir uno de los últimos rincones del mundo ricos en biodiversidad de especies únicas todavía sin clasificar, y si terminamos con ellas posiblemente no seguirán existiendo y habremos perdido para siempre jamás algo que ni siquiera conocimos. Bastante problemático, ¿verdad?

Mensaje de: Josefina

¡Qué ideas tan erróneas adelanta Raimundo! Siempre podemos conservar las especies y protegerlas – lo mismo con la gente indígena que vive allí en el Estrecho de Darién. No les va a pasar nada; además a lo mejor les gustaría vivir en el siglo XXI en casas más cómodas con electricidad. ¿Acaso les hemos preguntado? Con tal de que puedan conservar sus tradiciones, me parece absurdo detener el progreso cuando sólo faltan 60 kilómetros por terminar el tramo de 25.750 km que une el punto norteño de Alaska con el sureño de Tierra del Fuego. Que se pongan a trabajar enseguida, digo yo.

Mensaje de: Javier

Igual cosa se podría decir de las críticas del túnel entre Somport y Aspe que une Francia con España por debajo de los Pirineos. ¡Qué locura pensar que sería mejor y más rentable que se abriera el viejo túnel ferroviario de Canfranc! Ahora pasan 2.500 vehículos al día incluyendo unos 500 camiones, aunque haya nieve cuando antes no pasaban más de 40 y ninguno cuando nevaba. Aquí sí han perdido la batalla los antediluvianos.

Mensaje de: Juan Pablo

Parece que no hay manera de frenar el fenómeno del progreso que arrasa con todo lo que se pone por delante sin compasión de nada ni de nadie. Los políticos ni siquiera tienen en cuenta el medio ambiente con tal de salir con la suya y eso es lo que pasa con el AVE aquí en España. Se ha convertido en emblema tecnológico del progreso y quiera o no quiera va a llegar más allá de Barcelona atravesando fronteras, rompiendo barreras infranqueables, ahorrando tiempo – todo en nombre del progreso y el futuro … Me pregunto: ¿Dónde vamos a parar?

Mensaje de: Maite

Lo que más me preocupa de todos estos proyectos es que poca gente es honesta en su opinión; siempre hay intereses creados en todas estas decisiones y somos nosotros los idealistas que verdaderamente protegemos la vida futura y tratamos de conservar el paisaje y la flora y la fauna en su ambiente natural. Barreras que reducen el ruido, túneles y puentes que sobrepasan lugares de interés especial – nada de eso puede reparar el daño que se hace en primer lugar. ¡Que cada hazaña tecnológica se quede en su lugar pero que no se mete donde no quepa!

2b ¿Quién dice que …?

1 El progreso no casa bien con el medio ambiente.
2 Es puro romanticismo mantener a los indígenas en su estado natural.
3 Los que gobiernan nunca piensan en las consecuencias de sus acciones.
4 Teme que el progreso sea incontrolable.
5 Es supremamente importante que protejamos los ecosistemas.
6 Una vez que hayamos dañado el medio ambiente no hay forma de repararlo.
7 La gente que quiere conservar el medio ambiente salieron del arca de Noé.
8 Los adelantos tecnológicos son buenos con tal de que sepan quedarse en su sitio.

2c ¿Tú, qué opinas? ¿Con quién estás de acuerdo? ¿Por qué? Compara tu respuesta con la de un(a) compañero/a.

¡Atención, examen!

The activities on these pages will help you to:
- use the subjunctive in a wider range of contexts, choosing the correct tense
- explain and interpret a stimulus card

Gramática   ⇨ 130 ⇨ W53–61, 72–73

The subjunctive continued: sequence of tenses, commands and other important uses

- As a basic guide to sequencing tenses, remember that the tense used in the subjunctive depends on the tense of the main verb.
  main verb **future** tense = subjunctive **present** tense
  main verb **present** tense = subjunctive **present** tense, sometimes **perfect** tense
  main verb **preterite** or **imperfect** tense = subjunctive in **imperfect** or **pluperfect** tense
  main verb **conditional** tense = subjunctive **imperfect** tense

A Look at these sentences and decide which tense the subjunctive should be in.

1 They insisted we catch the early train.
2 I am so upset that you missed your flight.
3 It is a pity that so few people use public transport.
4 We wanted you to travel on the AVE.
5 He advised me to get to the airport two hours early.

- All negative commands require the subjunctive.

B Complete the grid for the following verbs:

	infinitive	tú	vosotros/as	usted	ustedes
No...					

coger   seguir   empezar   pagar   sacar   dar   ser

- Other important cases when a subjunctive is required:

– doubt, improbability and untruth: *dudar que, es poco probable que, no creo que*

– possibility and impossibility: *es (im)posible que*

– impersonal verbs: *basta con que, es mejor que, es hora de que, puede ser que*

– impersonal expressions with adjectives: *es importante que, es necesario que*

– purpose: *para que*

– concessions: *con tal de que*

– indefinite/relative clauses: *necesito una persona que me ayude/que tenga/que sea* etc.

– main clauses after *ojalá, tal vez, quizás, como si, aunque,* set phrases and words ending in *-quiera*.

C Complete these sentences with suitable endings from the right-hand column.

1	No puedo pensar que	a	(haber) coches, (haber) polución y atascos.
2	No acepto que	b	(ir) a pie.
3	No se reconoce que	c	(viajar) en un grupo grande.
4	Será mejor que	d	(comprar) un billete ida y vuelta.
5	Dondequiera que	e	(ser) más rápido por tren.
6	Es imprescindible que	f	(ir) con más seguridad, (abrochar) el cinturrón.
7	Para que	g	no (beber) demasiado cuando (conducir).
8	Puede ser que	h	(moderar) la velocidad en áreas urbanas.
9	Ojalá	i	el coche no (averiarse) en el camino.
10	Es importante que	j	(correr) el riesgo de matarse si no (llevar) casco.

Gramática   ⇨ 123 ⇨ W26

Pronouns

Revise disjunctive or emphatic pronouns. It helps to learn them with a preposition you use a lot:

para mí, para ti, para él/ella/usted, para nosotros/as, para vosotros/as, para ellos/ellas/ustedes

Extra Hoja 11 provides further examples and practice.

Técnica

How to explain and interpret a stimulus card

You need to focus on how to:

- explain a text to a Spanish-speaking person
- ask questions
- practise intonation and pronunciation
- interpret meanings and intentions
- explain cartoons, graphs and charts

- Focus on the topic area and think about the language, vocabulary and any special phrases you could use then prepare a word web of related vocabulary. Do this for the topics in Units 1–4.

- Sum up the main point of the whole text – establish the main arguments, themes and ideas. Who is the target audience? What is the style of language? Try doing this for pages 8–9 on the Spanish constitution or pages 20–21 on the contrasts of wealth and poverty.

- Remember this is not a translation exercise so make notes on each paragraph; use your own set of abbreviations and language. Do not regurgitate chunks of the text.

- Use key words to **link**, **sequence**, **contrast** and **balance** sections.

1. Classify these words. How many more can you add to each category? Compare with the rest of the class.

    primero   al principio   por contra   finalmente
    de hecho   en cambio   a la vez   sin embargo
    no obstante   por consiguiente   no sólo ... sino también ...
    sino que   por un lado/por otro   al contrario
    mientras que   por último   luego   entonces
    como consecuencia   gracias a   pero   empero

- Note any opinions, positive or negative. Do you agree? Can you add to the ideas expressed? Better still can you challenge any of the ideas?

2. Revise all the new phrases for giving opinions used in the texts so far and make out learning cards positive, negative and sitting on the fence.

3. Revise all the types of questions asked in previous units. Use them to ask each other questions and answer fully.

- Remember to interpret the ideas or comment on the author's style; learn some useful phrases to do this.

    El autor quiere decir/tiene un sentido del humor negro/ nos hace pensar en serio ...

    El dibujo/la caricatura nos hace reír y al mismo tiempo nos hace reflexionar.

    La ironía se aprecia por .../el tono es irónico y refleja ...

    Las cifras indican .../el gráfico demuestra .../el chiste gráfico dice/habla de ...

- Remember you will also be assessed on your fluency, interaction, pronunciation, intonation and grammatical accuracy.

4. Explain this report about congestion charging to a Spanish-speaking person. Go through the stages in the bullet points above and prepare your response to the questions.
    1. ¿De qué trata este artículo?
    2. ¿Qué ventajas cita?
    3. ¿Qué problemas hay?
    4. En tu opinión, ¿es una idea buena o mala?

Following the success of the first year of the London scheme many other cities around the world are seriously considering introducing a system of congestion charges. Such charges will be used to create better transport links within the city and to fund schemes such as trams and cycle routes.

The latest figures show that congestion in the zone is down by up to 30% and average speeds are their highest since the 1960s. Journey times are more reliable and businesses have benefited.

On the other hand results could be skewed because of fewer roadworks in the area and certainly the scheme is hampered by fines not collected and many charging errors.

Elsewhere studies show that 26 out of 34 cities in 15 European countries show significant support and at least a further 40% are said to be 'thinking about it'. The World Bank is also reported to be urging cities in developing countries to use charging as a means to reduce exploding traffic growth and car use, asking them to raise money by charging for much needed infrastructure and free up more space for buses which are the traditional main form of transport.

Extra Hoja 12 provides further examples and practice.

A escoger

1 S 🎧 Escucha el boletín de tráfico y anota lo que pasó y por qué.

2 👥 Lee y discute con un(a) compañero/a.

> Las autoridades son conscientes del peligro de la velocidad. Por eso, este verano se llevará a cabo un plan para controlarla. Se desplegarán más radares – 24 detectores entre Madrid y Córdoba y otros tantos por el tramo Córdoba–Sevilla.

- ◆ ¿Estás de acuerdo con el plan de control?
- ◆ ¿Crees que los radares controlan la velocidad?
- ◆ ¿Qué otras medidas propones para ralentizar el tráfico?

3a Lee el texto y traduce el primer párrafo al inglés.

3b Toma notas en español sobre el segundo párrafo.

3c Escribe un resumen en dos frases del último párrafo.

Nuevas normas para más seguridad

La seguridad vial nos afecta a todos. Los accidentes de circulación y sus graves consecuencias sociales, económicas y personales alcanzan tal magnitud que obligan, tanto a las administraciones públicas como a los ciudadanos, a no bajar la guardia en ningún momento y tratar de adecuarse a la realidad del tráfico en todas sus vertientes.

En el deseo de reducir al máximo las situaciones de riesgo en la conducción se han previsto nuevas normas, entre las que se encuentran aquellas que recogen, y en su caso limitan, el uso de algunos elementos que, desde hace poco tiempo, se han incorporado a nuestra vida cotidiana y a la de nuestros vehículos: el teléfono móvil, las pantallas con imágenes que puedan alterar la atención del conductor, los dispositivos de telepeaje … Mención especial merecen las nuevas señales y, en particular, las referidas a los agentes de circulación.

En las páginas siguientes se hace un repaso básico a los cambios fundamentales que aporta esta nueva normativa. No se explican todos, pero sí los más

importantes. Ahora bien, tan importante como las novedades en sí es que los ciudadanos las conozcan y las pongan en práctica. El objetivo final es luchar contra los accidentes de tráfico y mejorar la seguridad vial, una seguridad que nos afecta a todos.

Carlos Muñoz-Repiso Izaguirre
Director General de Tráfico

4 Escribe un ensayo de 350 palabras sobre el siguiente tema:
Macro o micro, los problemas de transporte nos afectan a todos. ¿Cuáles son en tu opinión y cómo podemos solucionarlos?

5 S 🎧 Escucha y repite.

1. Se deberán utilizar durante la circulación las luces de emergencia cuando un vehículo no pueda alcanzar la velocidad mínima exigida y exista peligro de alcance.
2. La tasa máxima de alcoholemia de los conductores en general (0,5) también afecta a los ciclistas, a los que incluye expresamente.
3. Se prohíbe la utilización durante la conducción de teléfonos móviles y cualquier otro medio o sistema de comunicación, salvo si éste se puede realizar sin emplear las manos ni usar cascos, auriculares o instrumentos similares.

6a Explica con tus propias palabras el informe de abajo. Da tu opinión y justifícala.

6b Escribe un folleto de publicidad para respaldar la campaña de 6a.

> Durante los últimos diez años más de 58.000 jóvenes de entre 18 y 25 años se han muerto en las carreteras españolas, cifra que se compara con la obliteración total de un pueblo del tamaño de Segovia.
>
> Lo más importante es concienciar al público de la importancia de respetar las normas de la vía.
>
> Abróchate el cinturón. Abróchate a la vida. www.dgt.es

La nueva tecnología

Al final de esta unidad, sabrás abordar los siguientes temas:

◆ la tecnología de hoy – los pro y los contra del mundo moderno

◆ los avances tecnológicos – el porvenir

◆ las controversias tecnológicas

Sabrás mejor:

◆ utilizar

– el futuro perfecto y el condicional perfecto

– el futuro con el subjuntivo

– distintas formas para expresar el futuro

◆ discutir un texto o un tema dando ideas y opiniones propias

1a 🎧 Escucha y conecta cada opinión 1–8 con una frase a–m y un tema.

1b Indica si está a favor, en contra o indeciso/a.

a Estoy al cien por cien a favor de

b Diste en el clavo a la hora de decir que es un arma de doble filo.

c Lo más descarado de todo es que

d Es mi opinión considerada que

e Lo que más me sorprende

f ¡Qué inquietante es …!

g ¡Cuántas controversias suscita …!

h Es tan erróneo pensar que

i No creo que sea nocivo.

j Según los científicos

k No hay lugar a dudas de que

l Merece una evaluación imparcial.

m Lo siento, pero te equivocas.

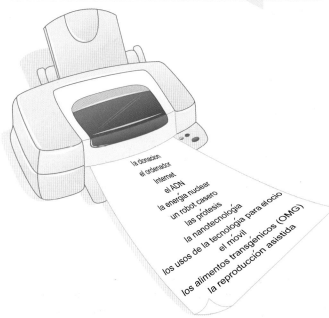

la clonación
el ordenador
Internet
el ADN
la energía nuclear
un robot casero
las prótesis
la nanotecnología
los usos de la tecnología para el ocio
el móvil
los alimentos transgénicos (OMG)
la reproducción asistida

1c 👥 Discute los temas que sobran con un(a) compañero/a según son inquietantes, benéficos o interesantes. Colócalos en tres diamantes desde el más (inquietante, etc.) hasta el menos (inquietante, etc.).

Hoy por hoy

Todos dependemos cada día más de las nuevas tecnologías e influyen en nuestras vidas sin que nos demos apenas cuenta.

1a Lee las descripciones de invenciones recientes y clasifícalas según creas que son útiles, peligrosas, para el ocio o simplemente desorbitadas.

Se llama NUVO – no es muy alto ni muy corpulento; mide 39 cm y pesa 2,5 kg. Además de caminar es capaz de reconocer voces e incorpora una cámara de video y un teléfono móvil. Es el primer robot humanoide.
www.zmp.co.jp

Adiós a los atascos mañaneros camino al trabajo porque ya llegó el minihelicóptero personal que se conduce como si fuera una motocicleta. Airscooter ii – alcanza velocidades de hasta 100 km/h y puede cargar unos 150 kg. Tiene una autonomía de 2 horas de vuelo con depósito lleno.

Plantas modificadas genéticamente pueden detectar el TNT y otras sustancias químicas contenidas en bombas letales antipersonales escondidas bajo tierra. La planta cambia de color o forma avisando la presencia de esa arma horrorosa que se cobra la vida de unas 20.000 personas al año.

Los supermercados británicos Tesco han diseñado el primer carrito de la compra que ayuda a hacer deporte mientras se empuja. El Tesco *trim trolley* incorpora un monitor que controla las calorías consumidas, las pulsaciones, la velocidad y el tiempo.

En los talleres de Investigación y Desarrollo del Instituto de Astrofísica de Canarias (IAC) han creado un conmutador que podría revolucionar el mundo de las telecomunicaciones. Este pequeñísimo chip puede insertarse en ordenadores conectados a una red de fibra óptica.

Capaces de detectar si un avión en vuelo se aproxima a un obstáculo o si sobrevuela un área restringida o peligrosa, aviones inteligentes pueden desviar su rumbo si fuese necesario.

1b Compara tu lista con la de un(a) compañero/a. ¿Cuántas más novedades podéis añadir?

1c Identifica las frases y palabras relacionadas con la tecnología y escribe una lista.

1d Completa las siguientes frases relacionadas con los textos.

1 En cuanto (haber) un problema el piloto automático se hará cargo del avión.
2 Cuando (ir) de compras podrás hacer ejercicio al mismo tiempo.
3 Apenas (llegar) a casa Nuvo te saludará.
4 Cuando (sentarte) en el sofá te traerá una taza de té.
5 Antes de que (acostarte) Nuvo pondrá tu pijama en la cama.
6 La planta cambiará de color en cuanto (detectar) la presencia de una mina.

2a 🎧 Escucha la discusión y para cada persona 1–7 anota el tema y la opinión.

2b 👥 ¿Qué entendemos por la "nueva tecnología"? ¿Qué significa para nosotros? Discute con un(a) compañero/a y añade tus propias ideas y opiniones.

2c 👥 Sigue con la discusión usando las frases de abajo.

A *toma la iniciativa*:
Desde mi punto de vista

No se puede negar que

Es mi opinión considerada que

En relación con

B *refuta y rebate lo que dice*:
No me parece muy acertado lo que dices

No me convence tu argumento

Lo siento, pero creo que …

Al contrario, creo que …

Consulta la página 55, Técnica, para más frases.

3a Lee el texto y busca palabras que signifiquen:

1 a meeting point
2 only has to
3 endorsed by
4 support
5 a tool
6 to dump
7 well established
8 at the click of a mouse

3b Explica en inglés en dos o tres frases qué es la tecnociencia y cómo funciona. Da tu opinión.

Extra Completa las actividades en la Hoja 13.

4 Después de completar la Hoja 13, mira la caricatura y discútela.

1 ¿De qué trata?
2 ¿Cuántos beneficios puedes nombrar?
3 ¿Cuáles son los peligros, en tu opinión?

¡Saber poco es peligroso!

5 Escribe unas 200 palabras sobre cómo la tecnología ha cambiado la vida hoy en día para ti.

La tecnociencia

Así se llama el nuevo portal científico español en Internet: un punto de encuentro para científicos e investigadores españoles que cataloga sus inventos y hallazgos y los pone a disposición de empresas de una forma sistemática y accesible. Para utilizar el sistema una empresa no tiene más que registrarse porque es un servicio público respaldado por varios ministerios y está integrado por el Consejo Superior de Investigaciones Científicas (CSIC) que aporta apoyo técnico y operativo. No existe ni en Europa ni en América un sistema de estas características. Es una herramienta para la búsqueda inteligente de datos, pero también desarrolla las herramientas para que cualquier portal pueda volcar en éste su información. Es un punto de referencia y al mismo tiempo un portal de portales que no quiere sustituir a los que ya son sólidos, como Madrid I+D – considerado el sexto mejor del mundo – ni los de las universidades o los institutos. En la web, los internautas pueden visitar un museo virtual en el que se recrean algunos de los experimentos más importantes de la historia de la ciencia – todo a golpe de ratón. Para saber más – www.tecnociencia.es

¿Adónde nos lleva?

¿Qué esperamos de la tecnología? ¿Qué exigimos? ¿Cómo nos imaginamos el futuro?

Nanotecnología: ¿oportunidad o amenaza?

Cada vez más minúsculas, pero cada vez más potentes – así se abren interrogantes notables.

Significa la ciencia de lo minúsculo en dimensión; es una nueva tecnología manufacturera capaz de hacer productos cada vez más pequeños pero a la vez más potentes. Se trata de partículas invisibles al ojo humano, ya que un nanómetro equivale a una millonésima parte de un milímetro. Para que hagamos una idea, podemos recordar que un cabello humano tiene un grosor de unos 80.000 nanómetros.

Los beneficios atropellan con las aplicaciones médicas extremadamente notables para la cirugía menos invasiva que permita penetrar el cuerpo humano con mucha mayor eficacia y precisión fisiológica. Además permite el desarrollo de músculos y prótesis artificiales, tejidos electrónicos que a la vez son sensores, aparatos como marcapasos o instrumentos que puedan controlar la dosis de insulina para los diabéticos entre muchos otros.

Los peligros abundan también, sobre todo sus aplicaciones militares; además las posibles consecuencias indeseadas en el campo farmacéutico o medioambiental; las consecuencias mutagénicas de nuevas cremas o lociones con nanopartículas mucho más potentes que las actuales moléculas que se absorben por la piel.

¿Cómo controlar una tecnología que permite construir bombas del tamaño de un bolígrafo que a la vez pueden destruir todo un barrio estratégico de una ciudad? ¿Cómo controlar nanopartículas que se suponen mejorar nuestros alimentos pero que igualmente pueden destruir el medio ambiente?

Es fácil respaldar las aplicaciones positivas y hay muchas. Sin embargo es imprescindible que seamos realistas y que afrontemos los peligros, muchos de los cuales ni conocemos ni podemos imaginar. Desde tiempos inmemoriales la historia nos ha dado ejemplos de la llegada de una nueva tecnología en el desarrollo de las ciencias. ¿Pero estamos verdaderamente preparados para este salto tecnológico?

1a Lee el texto. Indica las cinco frases correctas luego corrige las incorrectas.

1 Esta nueva tecnología presenta unas preguntas formidables.
2 Cuanto más diminutos más poderosos son los inventos.
3 No se pueden ver excepto con un telescopio.
4 No sirve para los avances médicos.
5 Ayuda a los cirujanos cuando operan a pacientes.
6 Tiene muchas ventajas para los militares.
7 Es peligroso usar las nuevas cremas y lociones.
8 Es capaz de cambiar lo que comemos sin que nos demos cuenta.
9 Va a destruir el medio ambiente.
10 Ya se conocen todos los peligros.

1b Busca sinónimos de: y antónimos de:

1 poderosos   7 anheladas
2 significantes   8 repele
3 corresponde a   9 prohíbe
4 derriban   10 construir
5 exactitud   11 empeorar
6 rebosan   12 huyamos de

1c Escribe un resumen del texto incluyendo información sobre:

◆ una definición
◆ los beneficios
◆ los peligros
◆ tu opinión

2a 🎧 Escucha estos puntos de vista, luego corrige las frases absurdas que siguen. Indica la palabra incorrecta y añade la correcta.

1 Los peligros sobrepasan los beneficios en cuanto a los avances tecnológicos.

2 Las prótesis para la gente incapacitada son un beneficio enorme.

3 Lo que más me pregunta a mí es la falta de control.

4 Vemos casos a diurno de virus que atacan.

5 Hay que buscar las medias de controlarlo.

6 No hay forma de prender que no exista.

7 Los criminales se defectan con más rapidez y mayor eficacia.

8 La gripe española de 1918 fue archivada por el contacto con aves.

9 Las energías alternas como la solar o la eólica tienen que ser lo más importante.

10 Hay que desayunar nuevas fuentes de energía.

2b Decide si cada frase 1–10 trata de un beneficio o un peligro.

3a Todo cabe en su móvil con cámara. Imagina la vida futura: ¿Cómo será? ¿Qué cambios crees que habrá en el mundo laboral o escolar? Relata el día según las imágenes.

3b Describe en unas 350 palabras un día en la vida laboral o escolar del año 2050.

14:00	¡Hambre! ¿Qué vas a comer y dónde?
15:00	Oficina o clase otra vez – deberes o tareas de oficina
17:30	Alerta MMS: Perdiste tu culebrón favorito/partido de fútbol – resumen del episodio/resultado en pantalla

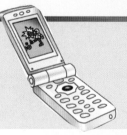

07:45	Recién levantado, duchado y desayunado, programas tu cepillo de dientes que te indique el nivel de azúcar que tienes en la sangre. Repasas las noticias y pulsas dos teclas para descargar el servicio de ocio para organizar el programa de la noche.

08:15	Hora de salir: ¿Qué tal el tiempo? ¿Hay que llevar paraguas o chaqueta? Un vistazo rápido a Tiempo en línea y ya sabes el pronóstico del tiempo de tu barrio y en cualquier parte del mundo.

09:00	
11:30	Descarga mensaje con imagen

18:00	Camino a casa – el nuevo videojuego te mola

19:30	Compras entradas para no hacer cola
22:00	Mensaje a casa: descarga la banda sonora de la película

¡Ojo con las controversias!

¿Cuántos peligros nos acechan? ¿Cómo resolver las preguntas éticas y morales? ¿Quién controla los avances científicos?

La clonación

El 26 de noviembre de 2001 anunciaron la primera clonación de un embrión humano. Lo que pretenden es poner a punto la obtención de tejidos y órganos para trasplantes y no para la reproducción humana. Lo que pasa es que el método es el mismo en ambos casos.

Paso 1 – Una vez obtenido un óvulo se le extrae el núcleo para eliminar toda su información genética.

Paso 2 – A este óvulo se le inserta el núcleo de una célula del individuo que se quiere clonar para que obtenga sus genes y luego se activa por el proceso de la fusión.

Paso 3 – Una vez activado el óvulo comienza a dividirse y se convierte en un blastocito, o preembrión, con células madre indiferenciadas.

En el laboratorio ya pueden convertir estas células madre indiferenciadas en células diferenciadas tales como intestinales, cardíacas, sanguíneas etc. Estas mismas células forman el tejido listo para ser trasplantado a los enfermos sin peligro de rechazo, ya que los tejidos son genéticamente iguales que los del individuo al que se le van a implantar. Muchos científicos están estudiando este proceso con el deseo de poder curar enfermedades como la de Parkinson o la diabetes. En España unos están investigando cómo trasplantar tejidos obtenidos de este proceso al páncreas para que vuelva a producir insulina.

En poco tiempo se dice que podrán producir un órgano completo que sustituya al órgano enfermo así evitando el problema de la escasez de órganos. Sin embargo, si el embrión se implanta en el útero de una mujer y el embarazo llega a término, lo que nacerá será un clon humano.

Hasta hoy, nadie ha logrado detener la ciencia y es improbable que ésta sea la primera vez. ¿Pronto habrá clones humanos?

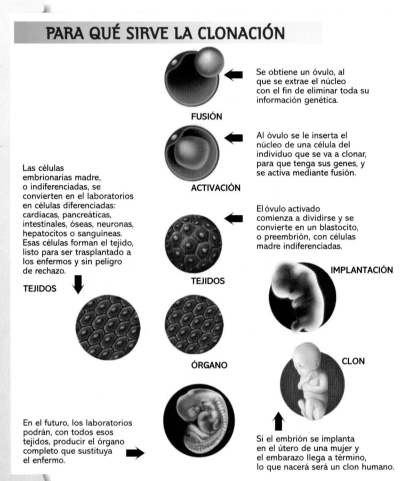

PARA QUÉ SIRVE LA CLONACIÓN

FUSIÓN — Se obtiene un óvulo, al que se extrae el núcleo con el fin de eliminar toda su información genética.

ACTIVACIÓN — Al óvulo se le inserta el núcleo de una célula del individuo que se va a clonar, para que tenga sus genes, y se activa mediante fusión.

El óvulo activado comienza a dividirse y se convierte en un blastocito, o preembrión, con células madre indiferenciadas.

Las células embrionarias madre, o indiferenciadas, se convierten en el laboratorios en células diferenciadas: cardíacas, pancreáticas, intestinales, óseas, neuronas, hepatocitos o sanguíneas. Esas células forman el tejido, listo para ser trasplantado a los enfermos y sin peligro de rechazo.

TEJIDOS

TEJIDOS

IMPLANTACIÓN

ÓRGANO

CLON

En el futuro, los laboratorios podrán, con todos esos tejidos, producir el órgano completo que sustituya el enfermo.

Si el embrión se implanta en el útero de una mujer y el embarazo llega a término, lo que nacerá será un clon humano.

1a Lee el texto y contesta a las preguntas.

1 ¿Cuál es el problema central de este proceso, según el texto?
2 Explica en inglés con tus propias palabras los tres primeros pasos del proceso.
3 ¿Para qué se pueden usar los tejidos obtenidos?
4 ¿Qué pretenden hacer los científicos españoles?
5 ¿Cuál es "la otra cara de la moneda"?

1b Debate de clase: grupo A está a favor y grupo B está en contra de la clonación. Prepara tus argumentos luego discute el tema. Usa todas las frases claves de la unidad.

2 🎧 Escucha el informe y escribe el número o la fecha apropiado/a para cada punto.

a el año del genoma
b el primer genoma completo
c transcurso de tiempo entre descubrimientos extraordinarios
d los genes de la bacteria mortal de E. Coli
e diferencia genética entre chimpancés y seres humanos

3a 🎧 Escucha los cinco puntos de vista. Anota la opinión y un detalle.

3b Lee los mensajes A–D y emparéjalos con lo que acabas de escuchar.

3c Escribe un mensaje para la persona que sobra.

4 👥 Como con todos los avances hay que valorar los beneficios y los peligros.
Discute con un(a) compañero/a y luego escribe cinco frases que describan los beneficios y cinco de los peligros. Usa las expresiones de abajo y las de la página 55.

Frases claves
En primer lugar hay que/se suele decir que ...
Es difícil imaginar que ...
Hay que reconocer que ...
Es innegable que ...
Esto demuestra que ...
Para resumir el debate/En conclusión insisto que ...

Foro on line – Tema: palmas y pitos para la supertecnología

Mensaje A
Apenas hace un lustro muchas cosas que hoy en día aceptamos como normales y corrientes eran conceptos de pura ciencia ficción. Lo más preocupante de todo esto es que no hay leyes que rigen nuestro comportamiento en la mayoría de los casos. Es imprescindible que juristas, notarios y autoridades se pongan a investigar los cauces legales apropiados para tales actividades. Menos mal que hace poco se ha creado el Foro de Evidencias Electrónicas aquí en España – ¡enhorabuena! Ahora hay que consultar a todos los usuarios antes de tomar decisiones arbitrarias sobre medidas de protección y reglamentaciones. Es importante mantener un equilibrio entre la seguridad y la libertad personal.
Juan Carlos, Barcelona

Mensaje B
Me alegra leer que la supertecnología puede llegar a salvar a la tecnología ya caducada: me refiero a la planta solar Themis, situada en los Pirineos orientales franceses y destinada al cierre por su baja producción eléctrica. Gracias a los avances tecnológicos ya ha sido reconvertida en un observatorio de rayos gamma – que son luz invisible a nuestros ojos. Los antiguos heliostatos de Themis ya no apuntan al sol sino que sirven para observar los fugaces y esquivos rayos gamma. Permiten conocer la intensidad, la energía e incluso el punto de origen de los rayos gamma que se detectan. Gracias a este experimento también fue usada la planta solar de Almería de la misma forma – como un telescopio gigante. Todavía sabemos poco de los púlsares y de los agujeros negros, pero gracias a estos avances ya sabemos que el cosmos es bastante turbulento y que alberga muchos secretos por descubrir.
Alfonso Navarro, La Palma

Mensaje C
Me siento orgulloso de impartirles información sobre un cultivo humilde, el sustento de 500 millones de los más pobres de los pobres del mundo, que gracias a la biotecnología podría convertirse en un alimento muy nutritivo para el Tercer Mundo; me refiero a la yuca. Ya en el CIAT (Centro Internacional de Agricultura Tropical) han producido semillas resistentes al ataque de hongos y otras con alto contenido de proteínas y vitamina A y hasta otras con nuevos tipos de almidón para la agroindustria. Imagínense lo que significa para la gente hambrienta – no quiero pensar en los peligros de la genética modificada, sólo quiero dar aplausos para los nuevos hallazgos.
Carmen Alicia, Palmira (Valle), Colombia

Mensaje D
Acabo de leer un artículo titulado "Llega la hiperguerra" que me ha preocupado muchísimo. Aparentemente hemos pasado a una nueva era de combate que asemeja a un videojuego, en la cual sistemas de computación y satélites dirigen los nuevos ataques. Se inició en Operación Tormenta del Desierto, donde el campo de batalla estaba controlado por aviones espía y misiles guiados por GPS que persiguieron la decapitación político-militar del enemigo, destruyendo sistemas de control e información por sorpresa. Jugando con la supercomputación y los anchos de banda hay que convertir los datos en información cuanto antes para reducir el tiempo de decisión. La guerra ocurre ya en tiempo real: desde que llegan los datos hasta que se ejecuta una orden bélica transcurren 20 minutos – ya no es cuestión de días ... eso sí parece ciencia ficción hecha realidad y todos debemos desconfiar de ello.
Alba Lucía, Palma de Mallorca

¡Atención, examen!

The activities on these pages will help you to:
● use the future perfect and the conditional perfect
● use the subjunctive in temporal clauses referring to the future
● use different ways of referring to the future

Gramática ⇨ 129 ⇨ W70

The future perfect and conditional perfect

● Sometimes the best way to remember these more complex tenses is to learn an example by heart and use it as a guide and model your own sentences on it. Look at these two examples and analyze how to form the tenses and when you would use them.

Future perfect: *Dentro de dos años habré terminado mis estudios.*

Conditional perfect: *Habría comido antes pero no tenía apetito.*

(A) Write two more examples of each tense in Spanish.

● Both tenses can also be used to express supposition.

(B) Translate these two sentences into English then write another set of examples in English and give them to a partner to translate into Spanish.

1 Supongo que habrá llegado a tiempo.
2 Me imagino que ya habría comido antes de salir.

Subjunctive of futurity in temporal clauses

The subjunctive is used in all temporal clauses which refer to the future, after conjunctions such as *cuando, hasta que, en cuanto que, tan pronto como.*

(C) Translate these examples into English.

1 Cuando tú hayas desayunado yo ya habré almorzado.
2 Cuando termines de comer ya yo habré salido.
3 Apenas se siente a la mesa, sirve la comida.
4 En cuanto se despierte, avísame.

(D) Continue the idea above and write out more examples.

● Note the 'future' idea may be in reported speech:

Dijo que en cuanto te acostaras me despertaría.

or taken from a 'past' point of view:

Clara iba a quedarse en casa hasta que llegara Pedro.

● Compare how the indicative is used when you refer to the past or to a repeated action.

(E) Explain the difference between the following sentences.

1 Siempre pongo la alarma cuando salgo. / Cuando salgas no te olvides de poner la alarma.
2 En cuanto llegó a casa le dije lo que había pasado. / En cuanto llegues a casa dile lo que ha pasado.
3 Siempre espero hasta que suena el despertador. / Espérame aquí hasta que suene el despertador.

Other ways of expressing the future.

Remind yourself about:
1 The immediate future – *vamos a ...*
2 The future and/or conditional – *serán las doce/tendría unos 15 años*
3 The present tense in question form – *¿Tomamos una copita? ¿Te preparo una tortilla?*
4 Verbs such as *esperar, tener la intención de, me gustaría, quiero, quisiera*

(F) Write sentences to illustrate each of these uses.

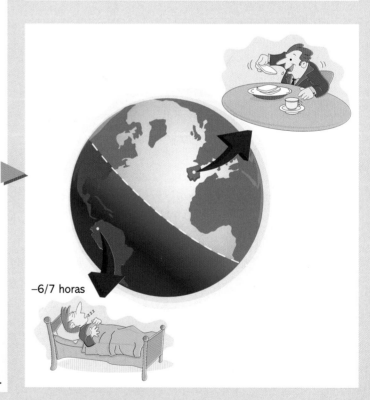

–6/7 horas

Gramática ⟹ 123 ⟹ W26

Pronouns

Remind yourself about how to use relative pronouns in Spanish.

1 *Que* is always included in Spanish (contrast English 'that'):

   de que = things

   de quien(es) = persons

   a/de/con/en also work like this.

But with all other prepositions use *el cual, la cual, los cuales, las cuales.*

2 *Donde* is often used as a relative pronoun.

3 *Cuyo/a/os/as*: treat these as adjectives because they agree with the noun.

4 *Lo que/lo cual*: these are neuter, as in *eso/ello.*

Extra Hoja 14 provides further examples and practice.

Técnica

General discussion and conversation

Having explained the content of a text and answered questions about it (see reporting and discussion on page 45) you now need to extend the discussion on the topic and probe it more deeply. Then you need to be ready to take this forward into a more general conversation.

 Go back over units 1–4 and note down the main ideas expressed on each of the topics and how you responded to them.

Expressing personal opinions:

Formal	Informal
Es mi opinión considerada	*Vale/qué va/venga*
(No) estoy de acuerdo con	*Te equivocas*
A mi ver	*Estoy harto/a de*
Lo que más/menos me llama la atención/molesta/sorprende/preocupa	*Lo que más/menos me mola*

Reporting opinions expressed in a text:

Se dice que – es sabido que – mucha gente dice que – la mayoría piensa que – varias personas han dicho que – se oye decir que – corre la palabra que – se me hace que – se teme que – dicen que

Making impersonal statements either to sum up or to distance oneself from the text:

Es importante + infinitive/*es importante que* + subjunctive

Es cierto que – es posible que – se cree que

Trata de – es un tema que – en cuanto a

Se puede decir que

Hay que considerar

Be prepared to:

● compare and contrast

   En cambio – no obstante – al contrario – la otra cara de la moneda es – sin embargo

● respond and justify

   – Remember key question words and beware of open-ended questions.

   – Answer the question with some detail but stick to the point.

   – Use facts and examples based on Spain or Latin America (as far as possible) to illustrate your point.

   – Give your own opinion and reasons for it.

● interract

   Be subtle – use *¿No es así? ¿verdad? ¿Qué le parece?* rather than always *¿Y usted qué opina?*

● take a lead and counter views

   Pues a mí me parece que – según entiendo – al contrario, creo que – no estoy de acuerdo con esa idea – en mi opinión, el autor se equivoca

● deal with uncertainty and seek clarification

   ¿Qué quiere decir ...? ¿Cómo se dice ...? ¿Me puede explicar lo que significa X, por favor? Lo siento, pero no entiendo lo que usted acaba de decir

2 ¡A jugar al contraataque!

   Use the tactics above to discuss the topics from units 1–4 you have already listed in 1.

Extra Hoja 15 provides further examples and practice.

A escoger

1 S🎧 Escucha la biografía cuantas veces sea necesario y escoge las cuatro frases correctas. Corrige las incorrectas.

1 Severo Ochoa tenía siete hermanos.
2 Cursó sus años secundarios en Málaga.
3 Admiraba mucho a su profesor de química.
4 El poeta García Lorca fue su amigo cuando ése estudiaba medicina.
5 Se entusiasmaba más por la química que por cualquier otra disciplina.
6 Se refugió en Oxford durante la guerra mundial.
7 Trabajó muchos años en los Estados Unidos.
8 El primer foco de sus investigaciones fue el código genético.
9 Ganó el premio Nobel a la edad de 54 años.
10 Siempre criticó a la ciencia española.

2 Explica en español el texto de abajo.

1 ¿De qué trata?
2 ¿Qué propone hacer?
3 ¿Qué tono adopta?
4 ¿Es un debate importante, en tu opinión?
5 ¿Quién va a ser la policía de los avances tecnológicos? ¿Hay que limitarlos? ¿Cómo?

There will be a three-month consulation to seek out public opinion regarding new developments in genetic science. The prospect of designer babies approaches fast. We should all consider the societal and ethical implications of such a step. People need to say what they think quite freely, consider all the issues and put forward their concerns. Above all we need to ask ourselves whether the pace of progress is being matched by regulations, guidance and advice. Are things going too far? is a key question.

3a 👥 El ocio: ¿Cómo se ha revolucionado con la tecnología?
Discute el tema con un(a) compañero/a y añade otros ejemplos tuyos.

◆ cine
◆ videojuegos
◆ móviles
◆ ejercicio
◆ parques de atracciones (por ejemplo, las montañas rusas)
◆ música

3b Describe cinco ejemplos buenos y cinco malos y da tu opinión sobre cada uno.

4 S🎧 Escucha y repite estas opiniones. Practica la entonación y pronuncia con cuidado las palabras que se asemejan a palabras inglesas.

1 Por mi parte, no creo que haya ningún problema en consumir los alimentos transgénicos, puesto que todo lo que comemos es producto de muchos cambios genéticos a lo largo de millones de años.
2 Creo que habéis incurrido en un error al declarar que Internet es la salvación del mundo entero.
3 Estoy en desacuerdo con la idea de que hay que aceptar la nueva tecnología como si fuera un regalo de Navidad. Al contrario, me parece imprescindible que contrarrestemos todos los avances tecnológicos y que haya un escrutinio a fondo antes de que se pongan en marcha.

5 Traduce al inglés los dos fragmentos.

Todos conocemos ya la compra en línea además de la venta y ahora llegan las subastas en línea, sobre todo para los objetos de coleccionismo entre los cuales los más cotizados son los recuerdos de la infancia: coches, juguetes, cromos, tebeos – que almacenan polvo en muchos hogares y por los que se están llegando a pagar sumas considerables.

Ya han aparecido en el mercado los móviles de tercera generación pero queda por ver si es rentable esa tecnología del futuro que permite realizar videollamadas o descargas de contenidos multimedia desde Internet. Los estudios dicen que al menos hasta dentro de 11 años no habrá un retorno de la inversión y que los ingresos no comenzarán a despegar hasta el año 2006.

Ciudadanos del mundo

Al final de esta unidad, sabrás abordar los siguientes temas:

◆ los grupos más vulnerables

◆ las consecuencias – discriminación y racismo

◆ la política pública – el debate

Sabrás mejor:

◆ utilizar el subjuntivo con el condicional (frases con "si")

◆ traducir un texto del español al inglés

desolador	lúgubre	sombrío	abandonado
valiente	temporal	chabolista	itinerante
inestable	rechazado	animoso	discriminado
marginado	agobiante	contundente	infrahumano
estoico	conflictivo	agresivo	miedoso
	resignado		

1a Escoge los adjetivos que mejor describan cada foto. Luego busca antónimos para cada uno.

1b Compara tu lista con la de un(a) compañero/a.

1c Escucha la descripción. ¿Cuál de las fotos se describe?

1d Describe otra foto y lee tu descripción a un(a) compañero/a.

1e Lee la definición y contesta a las dos preguntas.

La exclusión social es la expresión de un modo de vivir la condición ciudadana de manera secundaria y devaluada.

◆ ¿Qué significa la exclusión social para ti?
◆ ¿Qué factores crees que influyen en esta situación?

Alto riesgo de exclusión

¿Cuáles son los grupos más vulnerables en nuestra sociedad? ¿Quiénes son los blancos de la discriminación?

1a Antes de escuchar el comentario prepara el vocabulario. Busca en la lista de abajo palabras relacionadas.

> cambiar educador aumentar caro viejo
> educar carecer cambiario encarecer(se)
> envejecido carencial aumentativo cambiable
> educación envejecer cambiante encarecimiento
> carente educado carenciado cambiazo

1b 🄳▣ ¿Cuántas palabras puedes encontrar relacionadas con …?

1 vivienda
2 familia
3 población
4 protección
5 reducción
6 gastos

1c 🎧 Escucha la discusión y anota el orden de las frases.

a El aumento de los hogares monoparentales
b La falta de sistemas de protección pública
c El mercado laboral
d La carencia de las redes de apoyo social
e La reducción de gastos sociales
f El deterioro del sistema educativo
g Los cambios en la estructura familiar
h El envejecimiento de la población
i La carestía de la vivienda
j El fenómeno de la inmigración

1d 🎧 Escucha otra vez y empareja las dos partes de las frases según lo que oyes.

1 La exclusión social trata de	a ciertos bienes básicos sociales.
2 La sociedad funciona mejor	b un nivel bastante inaccesible para un gran número de personas.

3 Todo el mundo tiene derecho a
4 Los jóvenes con fracaso escolar
5 España tiene el 30% de empleos temporales
6 La vivienda ha alcanzado
7 La población inmigrante en España
8 Los hogares monoparentales

c los grupos más desfavorecidos y carenciados de la sociedad.
d es más del 6,26% de la población general.
e corren el riesgo de caer en la exclusión.
f también pueden ser vulnerables.
g que está muy por encima de la media europea.
h cuando todos los ciudadanos hacen una contribución.

1e Aquí tienes unas respuestas. Completa las preguntas.

1 ¿Cuántos … ?
Hay tres fundamentales.
2 ¿Cuál … ?
Puede ser un entorno adverso.
3 ¿Qué … ?
El 6,26%.
4 ¿Por qué … ?
Porque son irregulares.
5 ¿Quiénes … ?
Los enfermos mentales, …

1f Traduce al inglés.

La exclusión social ha adquirido carácter estructural y dimensiones múltiples, cuya causa principal reside en la falta de acceso a los derechos básicos que permiten un nivel de vida digno. El derecho a la educación, a la salud, a los servicios sociales y a un nivel de rentas básicas es la mejor fórmula para prevenir la exclusión social. Por ello, son necesarios planes integrales contra la exclusión social de carácter transversal, que actúen en el conjunto de los sistemas y servicios del Estado del Bienestar.

2 Lee los dos textos y contesta a las preguntas.

1 Comenta los titulares – ¿Son aptos? ¿Qué indican?
2 Escribe una lista de palabras claves que describan la pobreza.
3 ¿Cómo pretende el Gobierno ayudar a cada grupo?
4 Busca más información sobre estos grupos y escribe un informe de unas 150 palabras.

Los desplazados

Durante la última década más de un millón de niños han sido desplazados por la violencia política (el 70% de todos los desplazados en Colombia) y son los más desamparados de todos. Miles de gamines* viven en la miseria absoluta sin acceso a la salud ni educación ni vivienda hasta acabar en la infravivienda más horrorosa de los tugurios* y alcantarillados en ciudades grandes como Bogotá. Forman pandillas que pasan por la calle robando para luego "snifear" en vez de comer. Otros tantos se entregan a las fuerzas armadas guerrilleras. Sin embargo hay varios centros dedicados a rehabilitarles y reintegrarles, como el de Apartadó, donde viven en una comunidad de paz organizada por CedaVida y donde reciben ayuda psicológica y formación, o el Centro Juvenil, Fe y Alegría, donde aprenden música, baile, teatro y arte, o Subachoque que semanalmente envía patrullas armadas de comida y medicina en busca de niños de la calle.

*gamines = niños de la calle
*tugurios = barrios pobres

Entre la espada y la pared

Los gitanos españoles o calé son la principal minoría étnica autóctona del país, es decir, no surgida de recientes procesos migratorios. En la actualidad su modo de vivir está cambiando rápidamente debido a las transformaciones del Estado español que no afecta a todos por igual. Mientras emerge una clase media con identidad de élite, sigue existiendo una amplia base de familias necesitadas, empobrecidas y excluidas. En los últimos veinte años se ha reducido enormemente la infravivienda o chabolismo, pero se ha cambiado por guetos, como en el caso de Las Tres Mil Viviendas de Sevilla que a su vez fomentan la miseria, la delincuencia y la drogadicción. Tal realojamiento ha generado nuevas formas de exclusión tanto física por estar en la periferia de la ciudad, como emocional, por estar aislado dentro de una torre alta.

3a Contesta a las preguntas y discútelas con un(a) compañero/a.

1 ¿Qué factores han causado situación la situación del joven de abajo?
2 ¿Qué problemas crees que tendrá que enfrentar?
3 ¿Qué tipo de apoyo necesitará?
4 ¿Qué se puede hacer para ayudar la situación de forma inmediata?

3b Imagina la vida de Fulanito y escribe unas 200 palabras para describir un día típico.

Nombre: Fulanito de tal
Ocupación: ninguna
Educación: escasa
Domicilio: la calle
Aficiones: rumbar, el botellón, el porro, robar
Carácter: antisocial

La faz horrenda

La discriminación y el racismo, sean abiertos o encubiertos, son consecuencias de la desigualdad, la carencia de educación, la falta de comprensión y la ignorancia.

La discriminación abierta

1a Vas a leer las declaraciones oficiales de varias personas sobre un incidente racista. Lee cada una y decide de quién es.
- un Guardia Civil
- un temporero marroquí
- el alcalde
- un vecino
- un representante del Sindicato de Obreros del Campo (SOC).

1 Cualquier agresión, venga de donde venga y se produzca como se produzca, es lamentable. No puedo entender que haya personas que se dediquen a hacer estas cosas <u>sin ni siquiera dar la oportunidad de defenderse</u>. Es muy grave: me alegro de que los hayan detenido, aunque en el pueblo nadie sabe nada.

2 No hay una connotación racista en el sentido de que haya una organización racista detrás. Aquí no hay grupos fascistas, pero claro que los que hacen eso son racistas. Muchas de las víctimas no han presentado una denuncia <u>por temor a ser repatriados por carecer de papeles</u>.

3 Éste se ha criado en un ambiente donde cojeaba la educación; apalear a inmigrantes se convirtió en un ejercicio de subidón hormonal que acompañaba a las juergas de los colegas. De niño fue muy violento y <u>ha tenido varios encontronazos con la policía por sus locuras motorizadas</u> cuando aún era menor de edad.

4 Hace unos meses nos lanzaron piedras desde un coche que pasaba y esto volvió a ocurrir varias veces <u>hasta que las piedras dieron paso a ataques más preparados con palos de hierro y bloques de hormigón</u>, lo que resultó en fractura de mandíbula y contusiones en el hombro. Todo el tiempo se estaban riendo a carcajadas.

5 Las primeras agresiones se produjeron en agosto y se repitieron en septiembre y octubre, aunque no se interpusieron denuncias hasta el pasado día 5 de noviembre. No se ha podido actuar con anterioridad por carecer de "indicios fehacientes" <u>que incriminaran directamente en los hechos a los tres sospechosos</u>.

1b Escribe el testimonio de uno de los jóvenes agresores.

1c ¿Quién dice … ?

1 Si tenía que caminar por la calle de noche siempre me sentía inseguro.
2 Si no detenemos a estos agresores pronto van a acabar matando a alguien.
3 Con tal de que nos quedemos callados nadie nos denunciará a la policía.
4 Si hubieran interpuesto denuncias antes, tal vez hubiéramos podido evitar tantos problemas.
5 Si fuera hijo mío le daría una buena paliza.
6 Como lo vuelvan a hacer la población entera tendrá mala fama.
7 Si se hubieran empadronado tendrían más derechos.

1d Busca palabras o frases en los textos que signifiquen:

lo mismo	lo contrario
1 deplorable	5 lo siento
2 comprender	6 los agresores
3 serio	7 emigrantes
4 tiraron	8 nadie

1e Explica las frases subrayadas en el texto en tus propias palabras en español.

La discriminación encubierta

¿Choque de civilizaciones?

El recelo ante la <u>integración</u> de los hispanos en EEUU desde el punto de vista "gringo"

Las guerras y los enemigos <u>externos</u> han jugado papeles fundamentales en el desarrollo de las identidades <u>nacionales</u> en todos los países a lo largo de la historia. Es un fenómeno universal.

En Estados Unidos, al finalizar la guerra fría empezó a darse más importancia a las identidades subnacionales, étnicas, raciales, <u>culturales</u> y de género y la identidad nacional comenzó a perder su significado intrínseco. Pero hoy se ha vuelto a <u>surgir</u> la idea del nacionalismo como consecuencia del terrorismo que amenaza nuestras sociedades – nos ha <u>devuelto</u> el sentimiento de identidad nacional.

Los hispanos representan entre el 12 y 13% de la población de EEUU, pero en los <u>últimos</u> años han sido <u>responsables</u> del 50% del crecimiento de la población y para el año 2040 representarán más del 25%.

Los hispanos asimilan el credo americano lenta y difícilmente porque nunca rompen por <u>completo</u> sus vínculos con su país de origen – tienen lazos muy estrechos y van y vienen fácilmente.

<u>La inmigración</u> mexicana es muy diferente a las oleadas previas en que los inmigrantes cruzaban miles de millas de océano para llegar hasta aquí. Aquéllos perdían contacto con sus sociedades de origen y si querían volver era una decision crítica y la mayoría se quedaban. Además profesaban la ética protestante de amor al trabajo.

No creo que la inmigración hispana sea una amenaza en sentido real – es más bien un reto a los que han sido elementos claves de la identidad nacional americana. Si las tendencias siguen así seremos cada vez más un país de dos idiomas y dos culturas. Cada día vemos más pruebas del aumento del uso del español en nuestra sociedad y en muchos aspectos se está convirtiendo en un idioma igual al inglés. Éste representa un cambio importante en la identidad nacional americana. Pronto seremos como otros países como el Canadá y otros tantos europeos. En Francia, por ejemplo, cuyo nacionalismo está aferradamente vinculado al laicismo, se comprende por qué tienen tantos problemas con los velos musulmanes.

Podría decirse que en Europa el problema para asimilar la inmigración es la religión y que en EEUU es el idioma y la cultura.

2a Lee el texto. Busca prefijos para cambiar el significado de las palabras subrayadas y traduce los dos significados.

2b Busca palabras o frases que signifiquen:

1 have played a part
2 throughout history
3 began to give importance
4 has arisen again
5 because of
6 has given us back again

2c Lee la traducción del cuarto párrafo. Escríbela otra vez en un inglés más natural.

> The Hispanics assimilate the American belief slowly and with difficulty because they never break for complete their chains with their country of origin. They have very narrow ties. They go and come easily.

2d Traduce al inglés los dos últimos párrafos.

3 Contesta a las preguntas luego discútelas con un(a) compañero/a.

1 ¿Qué sentimientos expresa el texto sobre la identidad nacional? ¿Cómo ha cambiado?
2 ¿Qué opinas de esos sentimientos? ¿Estás de acuerdo con ellos?
3 ¿Cómo vivir en un país extranjero? ¿Crees que los inmigrantes deben asimilar la cultura hasta el punto de perder la suya?

4 Discute con un(a) compañero/a y luego escribe unas 350 palabras sobre el siguiente tema: Es más fácil combatir el racismo abierto que el encubierto. Da ejemplos de cada uno con tu opinión y explica cómo se puede combatirlos.

Topologías nuevas y viejas

¿Cuáles son los derechos y las responsabilidades de los ciudadanos el uno para el otro? ¿Cómo elaborar una cohesión social integral?

1a Lee el texto y contesta a las preguntas.

1 El texto cita "los grandes problemas": ¿Cuáles son, en tu opinión?
2 También menciona "los riesgos": explica cuáles son, en tu opinión.
3 ¿Cuáles son los dos pasos que propone para comenzar?
4 ¿Cuál es el papel del estado social?
5 ¿Cómo crees que se puede "enseñar al público"?

La cohesión social exige políticas estructuradas e integrales

Sin lugar a dudas, es imprescindible adoptar y articular políticas públicas contra la exclusión social. Se requiere un diseño sociopolítico innovador y riguroso que ataje los grandes problemas generales y al mismo tiempo que prevenga los riesgos.

En primer lugar es necesario actuar preferentemente en el plano de las políticas de empleo y vivienda y en segundo lugar se requiere potenciar y hacer más eficaces las políticas sociales propias del Estado de Bienestar.

Para atajar la exclusión social es necesario poner en marcha actuaciones de carácter estructural y que el estado social recupere su papel, articulando políticas que tiendan a la equidad y a la garantía de los derechos sociales. Es fundamental una enseñanza pública de calidad que actúe como vacuna preventiva contra la exclusión. Además, los poderes públicos deben invertir eficazmente contra el trabajo precario, la carestía de la vivienda y la explotación de los trabajadores inmigrantes. El reforzamiento del estado social es fundamental y no debemos aceptar "apechugar" como sistema adecuado.

1b Busca sustantivos en el texto que estén relacionados con estos verbos.

1 excluir
2 arriesgar
3 vivir
4 actuar
5 enseñar
6 poder
7 reforzar

1c Busca palabras o frases que signifiquen:

1 without a shadow of doubt/undoubtedly
2 stop from getting worse/keep in check
3 in second place/secondly
4 take on board/embrace equality
5 to make do with/to grin and bear it

1d ¿Cuál de las dos posibilidades de 1c es mejor, en tu opinión?

1e 👥 En parejas A da la primera parte de la frase y B la completa con un final adecuado basado en el texto. Luego escribe frases que comiencen con "si hubiera".

Ejemplo: Si hubiera garantía de ingresos no habría tanta pobreza.

1 garantía de ingresos
2 inserción social y laboral
3 desarrollar medidas compensatorias
4 establecer medidas de promoción social
5 potenciar acciones de apoyo al asociacionismo
6 promover la mentalización y cooperación social
7 promover programas de prevención social

1f 👥 Debate de clase:
En dos grupos haced un debate sobre el tema:
La pequeña minoría que abusa del sistema es la que crea mala fama para la gran mayoría que realmente necesita y aprecia el apoyo.

2 🎧 Escucha la discusión sobre la sociedad pluricultural y contesta a las preguntas.

1 Comenta las fechas: ¿Por qué son importantes?
2 ¿Crees que es importante comprender el contexto histórico de tu país? ¿Por qué?
3 ¿Qué ejemplos similares puedes dar sobre tu país?
4 Busca más datos sobre la herencia romana, árabe y judía en España y preséntalos a la clase.

3 Lee el anuncio. ¿Qué podemos aprender de la historia? ¿Por qué es importante comprender la situación actual dentro de su contexto histórico? ¿Qué otros ejemplos puedes citar?

> **La Asociación Foro Aben Humeya es un grupo de hombres y mujeres dedicados a revivir la cultura, la historia y la memoria colectiva de Andalucía para crear una identidad regional. El nombre es el de Muhammad Aben Humeya cuya familia gobernaba Granada después de la reconquista y él decidió quedarse allí, en su ciudad natal. Como la gran mayoría decidió convertirse al cristianismo – su pasaporte de seguridad – y adoptó el nombre de Fernando y tomó los apellidos de Córdoba y Valor, su pueblo natal.**
>
> Más información: foroabenhumeya@yahoo.es

4a Lee el texto. Imagina que participaste en un intercambio con una familia de otro país europeo. Describe las semejanzas y diferencias que notaste en tu estancia familiar y cuenta cómo te fue. ¿Qué prejuicios tenías antes de irte? ¿Tenías razón? Escribe unas 200 palabras.

Juventud con Europa

Con el objetivo de que los jóvenes aprendan a descubrir y explorar sus semejanzas y diferencias, a través del encuentro con otras culturas, y que este aprendizaje contribuya a la lucha contra prejuicios y estereotipos, la Comisión Europea financia los intercambios de 7 a 21 días de duración entre grupos de jóvenes de 15 a 25 años de edad o podrán participar en proyectos de hasta un año de duración con organizaciones de voluntariado.

Capital futuro

A los jóvenes que han terminado su Servicio Voluntario Europeo, el programa Juventud les reserva la posibilidad de presentar un proyecto que podrá ser financiado hasta 5.000¤.

Si tienes una idea interesante o quieres organizar una actividad concreta no desaproveches esta oportunidad. Los proyectos pueden durar hasta un año y se priorizarán dependiendo del beneficio social que aporten a otros jóvenes o a la comunidad local.

4b 🗣 Discute con un(a) compañero/a un proyecto y luego presenta tus ideas a la clase.
Decide sobre el grupo que vas a ayudar; explica cómo crees que tu idea va a ayudarles; justifica lo que propones hacer; define los resultados que esperas obtener.

Extra Completa las actividades en la Hoja 16.

¡Atención, examen!

The activities on these pages will help you to:
- use the correct tenses in clauses with *si*
- practise translating texts from Spanish into English

Gramática ⇨ 131 ⇨ W58

Si clauses and sequence of tenses

- Where the implication is that the event has already happened or is very likely to happen, then use:

  si + present tense + imperative or future or present tenses

(A) Analyze these examples then translate them into English.

1 Si ves un acto racista denúncialo.
2 Si no combatimos el racismo a diario será aun peor.
3 Si nos quedamos callados somos igual de culpables.

- Sometimes 'if' can mean 'when' or 'whether'.

(B) Translate these sentences into English.

1 Si mi papá no trabajaba, nosotros pasábamos hambre.
2 Dime si me vas a ayudar.
3 Si no existen políticas públicas que faciliten al acceso, la gente vulnerable cae en la trampa de la exclusión.
4 Hay que preguntar a los políticos si verdaderamente quieren contribuir a la reinserción social de los presos con sus reformas penales.

But:

- Whenever there is **doubt**, **supposition** or **impossibility** implied in the clause, use the subjunctive. The commonest patterns are as follows:

  si + **imperfect subjunctive** + **conditional**
  Si fuera colombiano no saldría de mi país.
  Si tuviera otra nacionalidad quizás me tratarían mejor.
  Si consiguiera pasaporte europeo podría trabajar allí sin problema.

si + **pluperfect subjunctive** + **conditional perfect OR**
si + **two pluperfect subjunctives**
Si me hubieran informado mejor no habría llegado sin visado.
Si el papa Gregorio IX no hubiera instigado la Inquisición, los judíos y los moriscos no hubieran sido expulsados de España en 1492 y 1609, respectivamente.

Use the words *si* and *como si* as a guide and remember there are several more conditional conjunctions which can be used when they have the meaning *si* = if.
Como lo vuelvas a hacer, te castigaré.
Con tal (de) que lo hagas, te respetaré.
¡Como si lo supiera todo!
Con que se haga enseguida, no hay problema.
Siempre que no sean ilegales podrán trabajar en la finca.
Supuesto que fueras un "sin papeles" serías el blanco fácil de los desaprensivos que quieren evadir impuestos y tener mano de obra barata.

(C) Now look back at all these examples and translate them into English. Remember:

If A happens then B will happen = **present indicative + future**

If A happened/were to happen then B might/could/would happen = **imperfect subjunctive + conditional**

Gramática ⇨ 118 ⇨ W29

Pronouns

Revise indefinite pronouns:

Algo, alguien and *cada* do not change their form.

Algo can also be used with an adjective: *algo importante*, or with *de* + an infinitive: *algo de beber y comer*

Mucho, poco, todo, otro, varios and *cualquier(a)* can be used as adjectives too and agree with their noun.

Tanto becomes *tan* before adjectives: *tanto interés → tan interesante*

Alguno and *ninguno* both shorten before a masculine singular noun: *algún día*; *no hay ningún apoyo social*

Extra Hoja 17 provides further examples and practice.

Técnica

Translating a text from Spanish into English

There are a few fundamental guidelines to follow:

- Remember that **word for word translation rarely works**.

  Try to
  - maintain the unity/cohesion of the original text
  - match the style of presentation
  - imitate the register of language
  - make the final text flow as a whole.

Some steps which may help in the process:

- Focus first on the whole sentence then the phrases but not individual words.

  No hay que dar tantas vueltas al asunto. Todos se pusieron a estudiar el problema.

- Beware of high-frequency words such as *a, de, por, para*.

  ¿De qué te quejas? A los políticos hay que tratarles con cuidado.

- Remember pronouns indicate the gender of the noun they replace.

  Cuando se trata de la tercera edad hay que tenerla compasión.

- Take care with tenses, especially the sequences that do not always follow a similar pattern in English as they do in Spanish.

  Hace varios años que esto viene desarrollándose. Desde tiempos inmemoriales hay conflictos religiosos en el mundo.

- Check carefully that your English grammar and spelling are accurate. It is easy to copy incorrectly when words are very similar.

  elefante/elephant   *foto*/photo

- Beware of false friends or tricky words.

  La gente vulnerable a menudo es muy susceptible a la crítica y por eso todos debemos ser bastante conscientes de sus sensibilidades.

- Remember to use clues offered by cognates, word webs and families, context, prefixes and suffixes.

  Los "mayores" constituyen un grupo de población con alto riesgo de exclusión social.

- Finally, some sentences and phrases simply do not translate and you have to find an equivalent or put them into quote marks. Simple ones you know well are:

  Tengo 16 años, tengo sed, tengo sueño, hace cinco años, hace sol, a eso de las tres de la tarde, yo que tú no lo haría, acababa de llegar a casa cuando se puso a llover.

- Then there are proverbs and sayings such as:

  Llamar al pan pan y al vino vino.
  No hay mal que por bien no venga.

(1) Look back over all the examples above and translate them into a natural English.

(2) Read this Spanish text and its translation. Redo the translation improving the English.

Abrazo de culturas

Cuando se habla de la Baja Edad Media es inevitable referirse, como otras veces en nuestra historia, a las "dos Españas". La fructífera interrelación de técnicas ornamentales en los edificios cristianos y musulmanes dio lugar a un estilo único – el mudéjar. A través de éste, el arte hispanoislámico se integró en el espíritu de la sociedad cristiana. Además, la reconquista de los territorios musulmanes no se hizo de modo excluyente. Ante la falta de población, los monarcas invirtieron los estatutos aplicados a musulmanes, mozárabes y judíos y los creyentes de ambos credos pudieron quedarse y se respetaron sus propiedades, se mantuvieron sus rasgos culturales, jurídicos y prácticas religiosas. En este nuevo contexto de convivencia hemos de entender el significado de la palabra "mudéjar", del árabe *mudayyan*: el que no emigra o que ha sido permitido quedarse.

When the Lower Middle Age is spoken about it is inevitable to refer, as other times in our history, to the 'two Spains'. The fruitful interrelation of ornamental techniques in the Christian and Muslim buildings gave place to a unique style – the *mudéjar*. Across this, the hispanoislamic art is integrated in the spirit of the Christian society. Aside of the reconquest of the Muslim territories was not to be done exclusively. Before the lack of population, the monarchs inverted the statutes applied to Muslims, Mozarabs and Jews and the believers of both beliefs could stay and respect themselves their property, maintain their cultural streaks, juridical and religious practices. In this new context of living together we have to understand the significance of the word *mudéjar* from the Arabic *mudayyan* – he who does not emigrate or who has been permitted to stay.

Extra Hoja 18 provides further examples and practice.

A escoger

1a S 🎧 Escucha la discusión sobre los grupos minoritarios.

1b Escribe un resumen que incluya los siguientes puntos.
- los argumentos (a favor y en contra de los grupos minoritorios) de ambas personas
- los derechos fundamentales
- los inmigrantes irregulares
- la sociedad inclusiva

1c ¿Con cuál de los dos estás de acuerdo? ¿Por qué?

2 S 🎧 Escucha el reportaje y contesta a las preguntas en español con tus propias palabras.

1. ¿Por qué crees que acudieron a ese extremo de protesta?
2. ¿Qué habían prometido hacer?
3. Sin embargo, ¿qué les pasó?
4. ¿Cómo terminó el asunto?
5. ¿Cómo deberíamos resolver la situación, en tu opinión?

3a Mira el póster y explícalo a una persona hispanohablante.

1. ¿De qué trata?
2. ¿Cómo es la situación actual?
3. ¿Crees que este póster ayudará la situación?
4. ¿Qué otras ideas tienes para combatir el racismo en el deporte?

3b 👥 Con un(a) compañero/a desempeña los siguientes papeles.

A es un fanático empedernido, orgulloso de sus jugadores nacionales, y sólo quiere ver a los futbolistas de su país en su equipo local.

B es fanático del fútbol internacional y admira a todos los futbolistas, no importa su nacionalidad.

3c Contesta a la pregunta:
¿Por qué en el fútbol ves a tantos jugadores negros pero no hay un solo entrenador negro en la Liga?

4 S 🎧 Escucha y repite estas frases y luego tradúcelas al inglés.

1. Es fundamental una enseñanza pública de calidad que actúe como vacuna preventiva contra la exclusión.
2. Las discriminaciones sociales están asentadas en prejuicios sociales y culturales que se han desarrollado en la convivencia por atavismos y estereotipos sociales, dificultando la integración social y la participación en igualdad.

5 Traduce estas frases al español.
- The poor disadvantaged white person has the same rights as a poor disadvantaged black person.
- Unfortunately there is often uneven access to healthcare for groups such as the disabled, elderly and mentally ill who require specialist attention and additional help.

6 Escribe unas 350 palabras sobre:
La instigación al odio basada en el credo religioso siempre ha sido un refugio para los racistas.

o

El entendimiento se para en seco cuando el racismo se asoma.

Repaso Unidades 4–6

1 🎧 Escucha el informe sobre Monsanto en España y contesta a las preguntas.

1 ¿Cómo comenzó Monsanto a trabajar en España?
2 ¿Qué significa "no-laboreo"?
3 ¿En qué tipo de agricultura destaca este grupo?
4 ¿Qué otra cosa atrae a los agricultores?
5 Explica en una frase estas cifras.
    a 1969   **c** ⅓
    b 40   **d** 50%

2 🎧 Escucha el informe sobre el taller del siglo XXI cuantas veces sea necesario. Corrige las frases que son falsas o ambiguas según lo que oyes.

1 El taller tradicional pronto desaparecerá.
2 El ordenador ya puede reparar el coche.
3 El mecánico se viste de blanco.
4 Es más importante ser un buen mecánico que saber manejar el ordenador.
5 Cuesta menos cuando se usan los chips.
6 Nadie sabe cómo funcionan los coches nuevos.
7 Las grandes empresas tienen el monopolio sobre la tecnología.
8 El dueño del coche queda en manos de las agencias oficiales.
9 Hoy día los motores son irrompibles.
10 Los países pobres sufren porque no pueden usar los coches último modelo.

3a Lee el texto y busca la(s) palabra(s) española(s) que significan:

1 nickname
2 the earth's surface
3 a shelf life
4 faster than ever
5 it's important to point out

3b Escoge una frase a–h para completar las frases 1–5.

1 La cobertura electrónica
    a aumenta las capacidades de los medios.

La telaraña electrónica

Con el apodo de "Internet en el cielo" una nueva era internet ya llegó. A unos 1.500 kilómetros de la superficie terrestre vuelan 288 satélites que cubren toda la Tierra. Cada satélite pesa unos 700 kilogramos y tiene una vida útil de 10 años. Además dispone de un panel solar siempre apuntado hacia el sol con el fin de cargar las baterias.

Con todo esto es posible navegar por Internet aun más rápidamente que nunca, conectarse con videoconferencias más nítidas en tiempo real, transmitir fax o comunicarse por voz con altísima fidelidad, bajar transmisiones de televisión interactiva como y cuando quieras, participar en juegos "en línea" a una velocidad impresionante, transferir grandes ficheros en segundos. El sector de los medios de comunicación se halla inmerso en una revolución que está cambiando sus capacidades y ámbito de actuación. Conviene destacar cómo se transforman los estilos de vida personal así como el mercadeo y la economía, pero ¿qué ventajas tiene para la humanidad? En cuanto a la asistencia sanitaria hará posible la transmisión de radiografías entre hospitales a distancia en tan sólo siete segundos.

2 Los satélites   **b** ha transformado el modo de ser.
3 Las conexiones   **c** se extiende por todo el mundo.
4 La nueva era   **d** favorecen la economía.
5 Los medios de comunicación   **e** funcionan gracias a la energía del sol.
    f duran unos diez años.
    g ofrecen muchas ventajas personales.
    h se llevan a cabo velozmente.

3c Escribe una frase para completar las tres que sobran.

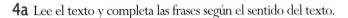

4a Lee el texto y completa las frases según el sentido del texto.

1 El objetivo del Fórum Universal de las Culturas era …
2 La primera cosa que se tiene que hacer es …
3 Después será más fácil …
4 El tema es parecido al del medio ambiente en que …
5 La globalización ayuda a …
6 También forman parte la cultura científica y tecnológica porque …
7 Ante todo es muy importante …
8 La cohesión social requiere …

El Fórum Universal de las Culturas se celebró en Barcelona con el fin de formular respuestas a los retos del desarrollo cultural a los cuales hay que hacer frente a principios del tercer milenio. Sigue en las huellas del proceso que se hizo sobre el medio ambiente.

Durante este encuentro alcaldes y representantes de gobiernos locales cuyo objetivo es la inclusión social aprobaron un documento que forma la base de Agenda 21 de la Cultura, el texto del cual se puede consultar en www.agenda21cultura.net. Primero hay que constatar unos principios y modelos para movilizar a la opinión pública del mundo con la esperanza de que luego puedan influir en los gobiernos y las instituciones internacionales. Se puede decir que tanto el medio ambiente como la cultura destacan como patrimonio de la humanidad; tanto el uno como la otra los hemos heredado a través de la historia.

Hoy en día es sumamente importante buscar la forma de defender la diversidad cultural y les toca a los gobiernos locales y regionales desempeñar este papel. Un aspecto positivo que nos ofrece la globalización es el de acercar al mundo y sus culturas de modo que facilita la cohesión social si la voluntad está dispuesta a impulsarla.

Dentro del ámbito cultural hay que incluir la cultura científica y tecnológica ya que estos dos ramos generan cuestiones éticas, sociales, económicas y políticas que nos afectan a todos. Además es imprescindible educar a la ciudadanía de tal forma que tenga una capacidad crítica que le permita la participación democrática. Sin esto no se alcanzará la cohesión social adecuada.

4b Traduce el último párrafo al inglés.

5a Lee el texto y explícalo a una persona hispanohablante.

1 ¿De qué trata este artículo?
2 ¿Cómo describe la situación de antes?
3 ¿Qué cambios son evidentes hoy?
4 ¿Qué efecto han tenido?
5 ¿Tú, qué opinas de la situación actual?

Black culture is cool

There was a time when it was considered not only embarrassing but also in very bad taste to attempt to embrace black culture, albeit black street culture. Early examples of white people, particularly rap stars, who 'acted black' were called 'wiggers' but they looked and sounded ridiculous and ended up at the mercy of the spoof character Ali G.

Nowadays it appears that things have changed considerably and it is not only cool to adopt all things associated with black street culture but also there is a new emerging language – Blinglish! A recent report, *Black Britain and its influence*, says that 'the days when popular culture was controlled by white artists and pushed by their cultural organisations have faded. Black youth have a serious influence on mainstream culture.' One of the main reasons given for this is the fact that there doesn't seem to be an alternative such as acid house or punk as in previous years for today's teenagers to look to for inspiration. Besides, hip hop culture represents a genuinely rebellious voice and so helps to create that all-important generation divide which teenagers seem to need. Ten years ago concerts would only attract a handful of people and record sales were low – now these figures have increased by around ten fold at least.

5b Escribe una carta de unas 200 palabras a una revista juvenil dando tu opinión sobre lo que acabas de leer.

El crimen y el castigo

Al final de esta unidad, sabrás abordar los siguientes temas:	**Sabrás mejor:**

Al final de esta unidad, sabrás abordar los siguientes temas:

- ◆ el crimen y la ley en la edad de la informática
- ◆ la representación y la realidad del crimen
- ◆ el castigo y sus alternativas

Sabrás mejor:

- ◆ reconocer el pasado anterior
- ◆ escoger el tiempo correcto
- ◆ redactar con tus propias palabras

¿No tendrá un diccionario?

1a Haz corresponder estas palabras con su equivalente en inglés.

la policía   el crimen   recluso   jurado
libertad bajo fianza   instrumento contundente
el policía   delito menor   juez   culpable
la cárcel   libertad condicional

bail   crime   the police   the policeman   prison
misdemeanour   parole   prisoner   guilty
blunt instrument   judge   jury

1b Busca las palabras de la lista que corresponden a estas definiciones.

1 Es donde se envía a los condenados para castigarles, privándoles de su libertad.
2 Es una arma con la que se golpea.
3 Una persona que está internada en una cárcel.

1c Escribe una definición para tres palabras más.

1d Lee tus definiciones a un(a) compañero/a para que adivine la palabra correcta.

Nuevos tiempos, nuevos delitos

Seguridad y libertad en la edad de la tecnología

1 Por primera vez la Comisión de Videovigilancia ha concedido permiso para que se instalen cámaras durante doce meses en un espacio público madrileño, en el Museo de Escultura al Aire Libre, donde las obras sufren continuos actos vandálicos. Las cámaras serán fijas y enfocarán directamente a las esculturas. Las imágenes serán destruidas al cabo de una semana, excepto las imágenes ilegales que se destruirán inmediatamente si aparecen personas en actitudes que puedan afectar a su intimidad. Otra de las condiciones impuestas es que se pongan placas para avisar a los peatones de que están entrando en una zona vigilada. Cualquier persona que figure en las grabaciones podrá ejercer el derecho de acceso a las cintas.

2 Ante el aumento vertiginoso en el número de casos jurídicos, las autoridades navarras se han visto obligadas a inaugurar un nuevo sistema informatizado de recogida de datos e intercambio de información para modernizar la burocracia anticuada y poner fin al retraso de los trámites, permitiendo la transferencia eficiente de información entre diferentes cortes, la policía, funcionarios y abogados.

3 Dice el nuevo Código Penal español que "El que para descubrir los secretos o vulnerar la intimidad de otro, sin su consentimiento, se apodere de sus mensajes de correo electrónico o intercepte sus telecomunicaciones o utilice artificios técnicos de escucha, transmisión, grabación o reproducción del sonido o de la imagen, será castigado con las penas de prisión y multa."

4 Por haber ingresado al sistema de la Marina estadounidense, Julio César Ardita se convirtió en el pirata informático más famoso de Argentina al ser detectado y rastreado por el FBI. Sin embargo, ya que en Argentina las intrusiones informáticas no están contempladas en el Código Penal, la juez Wilma López dispuso que compareciera sólo por fraude telefónico.

1a Lee los cuatro textos e inventa un título para cada uno.

1b Relaciona los siguientes datos con el texto más relevante:

A   De 2,5 millones de casos anuales en 1989, han alcanzado hoy los 7 millones, a escala nacional.

B   No se permite grabar sonido.

C   Se ha caracterizado como una "constitución negativa" porque expone los límites de la libertad.

D   *Entrar a la red de la Universidad de Harvard le sirvió de trampolín para acceder a la del Laboratorio de Propulsión Nuclear de la NASA, entre otras.*

E   **Se prevee que el mismo sistema se extienda a los permisos de conducir y a las actas de nacimiento.**

F   Los jóvenes que patinan en la plaza se cuelgan de las estatuas para darse más impulso en las giras.

G   También se penaliza a los que abusan de datos reservados de carácter personal o familiar registrados en ficheros o soportes informáticos, electrónicos o telemáticos.

H   *Para ingresar en la red interna utilizó un programa pirata para llamar a todos los números de una central telefónica hasta averiguar el número.*

2a Traduce al inglés la parte subrayada del texto 3.

2b Escoge otro de los textos de la página 70 y explica en tres frases cortas y claras los puntos más importantes.

2c El siguiente texto es un apartado del Código Penal. Busca en un diccionario las palabras subrayadas y luego explica con tus propias palabras en español lo que significa el texto.

SE CONSIDERAN REOS DE ESTAFA LOS QUE, CON ÁNIMO DE LUCRO, Y VALIÉNDOSE DE ALGUNA MANIPULACIÓN INFORMÁTICA O ARTIFICIO SEMEJANTE CONSIGAN LA TRANSFERENCIA NO CONSENTIDA DE CUALQUIER ACTIVO PATRIMONIAL EN PERJUICIO DE TERCERO.

3a Busca información de los cuatro textos para completar una tabla así:

Nuevos crímenes	Nuevos poderes oficiales	Nuevas restricciones a los poderes oficiales

3b Completa otra tabla, utilizando tus propias ideas.

4 Discute con un(a) compañero/a las siguientes preguntas:

1   ¿Cuáles son los temas que vinculan a los cuatro textos de la página 70?
2   ¿La tecnología nos protege o nos amenaza?
3   ¿Es de celebrarse el uso eficiente de tecnología por parte de las autoridades?

5a Resume en 100 palabras la información de los textos sobre el papel de las tecnologías en el crimen y la justicia.

5b Lee lo que ha escrito un(a) compañero/a. Escribe 100 palabras para convertirlo en un texto personal, utilizando tus propias ideas y opiniones.

6 Escucha la entrevista sobre el efecto de los planetas en el Nuevo Código Penal. Decide cuál de las siguientes frases no es verdad, según el texto.

1   El planeta Plutón afecta el sistema de justicia.
2   Tiene un efecto cíclico de degeneración y regeneración.
3   El sistema de justicia está pasando por una fase de ineficiencia.
4   Los terroristas nacidos bajo el signo de Libra escapan a la justicia.
5   Las estrellas y los planetas afectan la naturaleza del Código.

La ficción y la realidad

¿Se borra la distinción?

1a Trata de hacer corresponder las siguientes descripciones con las imágenes de arriba.

a Un abogado resuelve una serie de crímenes, no por los últimos avances de la ciencia forense, sino por la psicología y el instinto innato.

b Se dedica al crimen, organizado por categorías en diferentes páginas, por ejemplo asesinos en serie, crímenes esotéricos …

c En esta película de Almodóvar, Andrea Caracortada presenta un programa donde se retratan los peores crímenes del día.

d Un enfermero viola a una paciente que está en estado de coma. Es detenido por la policía y se suicida en la cárcel.

e Detalles de un robo con violencia cometido sobre una anciana que abrió la puerta a un supuesto vendedor ambulante.

1b 🎧 Escucha y verifica tus respuestas.

1c 🎧 Escucha otra vez e identifica cuál de las cinco imágenes representa:

a Una parodia de la obsesión de los medios de comunicación por el sexo y la violencia.

b La hipocresía de explotar la violencia, mientras se pretende hacer campaña en contra.

c Una visión muy humana de una persona que resulta ser un trasgresor.

d Una obsesión que no distingue entre la realidad y la ficción.

e El uso de descripciones detalladas para dar vida a un relato convencional.

1d 👥 Explica a un(a) compañero/a cómo los cinco ejemplos de esta página ilustran el tema: "Se borra la distinción entre crimen real y ficción."

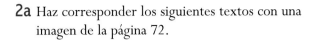

2a Haz corresponder los siguientes textos con una imagen de la página 72.

i *...no contestó. El fotógrafo se movía cuidadosamente entre los muebles del salón. El flash iluminó sucesivamente la silla, la estilográfica, las hojas tiradas, la letra firme de quien ahora yacía muerto en un rincón de la habitación. A diferencia del policía, él sí miraba la calle ...*

ii *...el descubrimiento de un torso mutilado flotando sobre el río, la policía llevó a cabo una investigación extensa que les condujo desde Londres a África para desmantelar una organización dedicada al tráfico de menores, la mayoría de los cuales acabaron haciendo las veces de esclavos domésticos, pero en algunos casos cayeron víctimas de rituales satánicos ...*

iii *...miembros más vulnerables de la sociedad. Además de perpetrar el robo, hizo uso de un instrumento contundente para llevar a cabo un asalto despiadado sobre su víctima indefensa, quien sufrió fracturas y lesiones graves y hoy teme que ...*

2b Escoge uno de los relatos de 2a, y completa el artículo o la página en el estilo adecuado.

3a Lee las siguientes opiniones sobre cómo organizarse para hacer un trabajo escrito más a fondo sobre este tema. Trata de organizar las opiniones en parejas contradictorias. Luego decide cuál de las dos alternativas te parece mejor.

Ejemplo: 2 √ /6 X

1 Busco estadísticas de crímenes, fechas de las películas, nombres de autores, para dar la impresión de tener conocimientos concretos.

2 Siempre leo en español, así aprendes la lengua además de la cultura.

3 Prefiero preparar mi argumento, y luego buscar hechos relevantes.

4 Me fijo en la pregunta y decido si estoy a favor o en contra.

5 "Los hechos" no son solamente estadísticas. Comentar un libro que has leído o una película, también es investigar.

6 Busco textos en inglés y luego los traduzco al español.

7 Creo que es importante considerar los dos lados de la pregunta y que la mejor respuesta va más allá de un simple sí o no.

8 A partir de un análisis de los hechos, llego a mi conclusión.

3b Organiza las opiniones en orden de importancia personal para ti.

4 Investiga y escribe un ensayo de unas 250 palabras sobre uno de estos temas:

a A veces la representación del crimen ficticio es más "real" que el reportaje periodístico.

b La paradoja es que nos fascina el crimen porque nos parece un cuento, y nos fascina la ficción policíaca porque se parece a la vida real.

Extra Completa las actividades en la Hoja 19.

La cárcel

¿Castigar o rehabilitar?

a Así se necesitan cada vez más cárceles, terminamos vigilando a un porcentaje importante de ciudadanos que no pueden reintegrarse en la sociedad.

b La prisión define dos grupos sociales. Aparta a los "malos" de los "buenos". Nosotros, seres honestos, decentes, podemos contemplar con desprecio las condiciones inhumanas que han merecido los otros, los reclusos. Pertenecer a un grupo nos da la seguridad de nuestra superioridad. Y para que pertenezcamos a este grupo, es necesario que exista otro grupo: el de los reclusos o exclusos.

c Hemos heredado el sistema carcelario de los tiempos más primitivos. Se dice que las cárceles existen para rehabilitar a los trasgresores, pero todos sabemos que no sirven para eso. Las actitudes del público y de la prensa demuestran su verdadera función: Son un instrumento de castigo y venganza hacia los que amenazan a la sociedad. Claro, a corto plazo, ponen bajo siete llaves a los infractores, pero más importante es satisfacer la indignación moral de una sociedad insegura.

d En lugar de prisiones, necesitamos inaugurar pequeñas comunidades, quizás con gente que viva voluntariamente con los presos, con personas dispuestas a compartir su vida con ellos. Sea por vocación o por dinero, pondrían las pautas de una sociedad honesta, decente, compartida, una sociedad que se extiende más allá de los centros de detención, y nos hace a todos más comprensivos, más civilizados.

e Tenemos que cambiar la filosofía del castigo. Aunque la mayoría de la población cree que los criminales merecen ser castigados, el objetivo de la justicia debería ser el de neutralizar, en la medida de lo posible, los efectos de los crímenes cometidos y reducir la probabilidad de que se repitan.

f El problema es que así también formamos un grupo que fortalece a los "malos". Ponemos un grupo de personas con problemas similares y los sometemos a presiones intolerables, aislados de la sociedad civil. Es inevitable que se identifiquen con su condición, con el mundo criminal. La cárcel crea criminales.

g En primer lugar, el delincuente tiene que ver el sistema judicial no como su enemigo contra quien lleva una batalla constante, sino como un proceso que le permita reintegrarse en la sociedad.

1a Antes de leer trata de organizar los siguientes puntos para hacer un argumento coherente.

   i La prisión separa a los ciudadanos honestos de los malhechores.

   ii La solución crea una sociedad más civilizada para todos.

   iii Acabamos encerrando a cada vez más criminales.

   iv Los criminales necesitan considerarse miembros de la sociedad.

   v Necesitamos una nueva filosofía.

   vi Encarcelar a los criminales es un legado del pasado, enfocando hacia el castigo, y no la reforma.

   vii La prisión une a los criminales y propaga el crimen.

1b Haz corresponder los párrafos del texto de la página 74 con los puntos i a vii. Decide si necesitas revisar la lógica del orden en que pusiste los puntos.

1c 🎧 Escucha y verifica el orden del texto.

2a Pon estas frases del texto en las siguientes categorías:

opiniones	evitar la repetición
consecuencia	lista
frase corta y clara	uso del subjuntivo
uso de adjetivos para ampliar	

Ejemplo: 1 = *uso de subjuntivo*

1 Es inevitable que se identifiquen …
2 una sociedad honesta, decente, compartida
3 La cárcel crea criminales.
4 Se dice que …
5 infractores … criminales … trasgresores …
6 la indignación moral de una sociedad insegura
7 Así se necesitan cada vez más cárceles.

2b Ahora busca en el texto de la página 74 otras frases que ilustren estas categorías.

3a 👥 Discute con un(a) compañero/a tu reacción personal a la solución propuesta en la página 74.

3b Discute cómo la representación del crimen en los medios de comunicación imposibilita una solución de este tipo. Puedes tomar ejemplos de la página 72.

4 Utiliza algunas de las frases y técnicas que encontraste en el ejercicio 2b para escribir 150 palabras sobre el tema: "El papel de la cárcel como castigo es indispensable para mantener una sociedad estable y segura."

5 Traduce al español:

Antiterrorist laws introduced in response to a wave of killings by terrorists had the effect of suspending some constitutional rights. Anyone charged with supporting terrorism could be held virtually incommunicado for up to ten days. A suspect's home could be searched, his mail opened, and his telephone tapped. A detainee had the right to an appointed lawyer who could formally advise him of his rights, and who might be present during his interrogation, but who could not consult with the detainee until the interrogation was completed.

¡Atención, examen!

The activities on these pages will help you to:

- plan your writing
- use the correct tenses in writing – preterite, imperfect and past anterior
- choose between indicative and subjunctive

Técnica

Writing – guided and independent

- You should always establish which of the following are required:

  Specific points from a source text

  Your personal reaction

  Your own factual knowledge

  Reference to the Spanish-speaking world

  An imaginative response

  A structured argument

  Quality of language

  Accuracy of language

- Make different sorts of plan, according to the type of task:

  A list of points

  A series of ideas for paragraphs

  A table of facts linked to ideas

  A conclusion

  Prepared phrases for presenting ideas

  Prepared phrases to show off structures

Frases claves

Según el texto …

Aunque en el texto diga que …

La implicación es clara: …

No creo muy probable que + subjunctive

Yo hubiera dicho que …

A la policía le interesaría saber …

El autor del texto defiende la idea de que + indicative

En el texto se rechaza la idea de que + subjunctive

The following tasks will help you practise.

1. Explain the following situation in your own words in Spanish.

   El Ayuntamiento pide a la Dirección General de Tráfico que le permita instalar cámaras de videovigilancia. Quieren grabar las matrículas de los vehículos que entran en una lujosa urbanización. Una solicitud similar fue rechazada por la Delegación del Gobierno. Ya cuentan con vigilantes privados. El futuro cuartel de la Guardia Civil estará instalado a dos calles. La Ley de Videovigilancia respeta al máximo la intimidad de las personas. La justificación del Ayuntamiento es que necesita controlar el tráfico.

2. Write 50 words covering the most important points in this text.

   El Tribunal Superior de Justicia ha afirmado la legalidad del despido de un trabajador de supermercado que tomó un zumo de naranja de un estante y se lo bebió. El empleado alegó que las cámaras violentaron su derecho a la intimidad, ya que su presencia era para evitar robos, y no para controlar a los trabajadores. El tribunal rechazó su argumento porque su conducta fue abusiva, desleal e indisciplinada, y porque él sabía que la tienda estaba vigilada por cámaras.

3. Write 100 words to explain what is happening in this photo and give a personal reaction to it.

4. 🎧 Listen and take notes. Write a definition of *victimología* in 20 words.

Extra Hoja 20 provides further examples and practice.

Gramática ⟹ 126–27, 129 ⟹ W44, 71

Use of tenses in writing: the preterite, the imperfect and the past anterior

- If you use English tenses as a guide to the difference between the preterite and the imperfect in Spanish, watch out for some verbs that behave differently.

He wanted to get even. *Quería vengarse.*

He knew who the victim was. *Sabía quién era la víctima.*

He had a suspicion that ... *Tenía la sospecha de que ...*

The preterite of these verbs can be used, but with a different meaning, that is not easily literally translated into English:

Quiso salvarle. He tried to save him.

Más tarde supo la verdad. Later he found out the truth.

Tuvo que confesar. He was made to confess.

Develop a feel for the way Spanish uses tenses: the preterite for a specific action, the imperfect for descriptions.

- The same distinction can exist with the verb *haber*. It is used in the imperfect *(había)* to form the pluperfect:

Lo había recogido. He had picked it up.

When a sentence makes it clear that something had happened as a specific action, the verb *haber* is used in the preterite. This is called the past anterior. It is used in writing and after words that place it in a definite time:

Scarcely had he picked it up when ... *Apenas lo hubo recogido cuando ...*

Frases claves

apenas   tan pronto como   así que
en cuanto   cuando

(A) Translate this text into Spanish, using the correct tenses.

He woke up before the alarm went off. He had a toothache, and it was surprising he had been able to sleep at all. As soon as he had got out of bed, he wished he hadn't. The light was flashing on the answerphone. A message from the chief inspector, no doubt.

Gramática ⟹ 131 ⟹ W72–73

The subjunctive after indefinite antecedents

Consider the difference between these two sentences:

a *La policía busca a un hombre que tiene una escalera.*

b *La policía busca un hombre que tenga una escalera.*

In **a** the man definitely exists:
La policía busca a un hombre que tiene una escalera porque ha cometido un robo en el tercer piso de un edificio.

In **b** any man will do, as long as he has a ladder:
La policía busca un hombre que tenga una escalera, porque quieren lavar los vidrios del cuartel.

(A) Explain the choice of indicative or subjunctive in the following sentences.

  1 Quien atente contra el orden público será castigado.

  2 El niño que ha hecho eso tendrá que pagarlo.

  3 Quien sea el responsable, lo encontraremos.

  4 Vimos a la víctima que yacía en el suelo.

> *Tan pronto como <u>hubo recibido</u> la llamada, la policía pasó a la acción, pero cuando llegaron, ya les esperaba allí. "Esta vez no fallaron," dijo Gutiérrez, e <u>indicó</u> la sombra inerte con el lápiz que <u>llevaba</u> para distraer a los dedos. Estaba de mal humor, y <u>sentía</u> que si el agente le ofreciera un cigarrillo no iba a poder renunciar. El policía, desconcertado, no <u>supo</u> qué decir. "A los que <u>hayan hecho</u> eso, les ha de patinar el coco*," <u>balbucía</u>. El licenciado no contestó. El fotógrafo se movía cuidadosamente ...*

> * le patina el coco = está loco

1a Traduce al inglés los verbos subrayados. Explica la razón o el efecto del tiempo utilizado en cada caso.

1b Imagina que eres un(a) detective que estaba presente cuando llegó la policía a la escena del crimen. Tomaste apuntes de lo que pasó y de lo que dijeron Gutiérrez y el policía. Escribe en frases cortas exactamente lo que pasó. Necesitarás el tiempo pretérito.

Ejemplo: Recibimos una llamada ...

Extra Hoja 21 provides further examples and practice.

A escoger

Bajo el Artículo 17 de la Constitución se extiende la protección legal a los acusados. Se prohíbe la detención sin motivo y pone un máximo de 72 horas al periodo de detención preventiva. El acusado tiene derecho a saber el motivo de su detención y no puede ser juzgado en ausencia.

El grupo Amnistía Internacional ha llamado a la atención varios abusos, bajo legislación antiterrorista, de los derechos humanos y legales de los detenidos. Por su parte, el gobierno español alegó que los sospechosos de terrorismo se quejan automáticamente de brutalidad o de tortura, aunque no sea el caso.

Un problema muy grave ha sido el retraso en tramitar los procesos legales. Un delito menor podía tardar más de un año antes de que el acusado compareciera ante un tribunal. Para los crímenes mayores, un lapso de dos años ha sido normal. El gobierno ha impuesto un periodo de cuatro años máximo para que un caso llegue a las cortes.

Las estadísticas oficiales reflejan una tasa de crimen más baja que otros países de la Unión Europea, pero con un aumento de un 5% anualmente. El caso de atraco perpetrado sobre turistas extranjeros es un factor alarmante en este auge. También se ha atribuido a las condiciones sociales en zonas urbanas donde predomina el desempleo, y al creciente problema de la adicción a las drogas.

1 Lee el texto y luego contesta oralmente a las siguientes preguntas. Haz las preguntas por turnos con un(a) compañero/a.

Estudiante A

1 Explica lo que significa el "máximo de 72 horas".
2 Explica la importancia del Artículo 17.
3 ¿Piensas que estos derechos deben extenderse a los terroristas?
4 ¿Qué piensas de la diferencia de opinión entre Amnistía Internacional y el Gobierno?
5 ¿Qué reformas te gustaría proponer para el sistema de justicia?

Estudiante B

1 Explica las estadísticas relevantes a la tasa de crimen en España.
2 ¿Por qué se ha impuesto un límite de 4 años en el proceso judicial?
3 ¿Cuáles son los problemas que este límite puede producir?
4 Personalmente, ¿qué piensas de la relación entre el desempleo y el crimen?
5 ¿Qué reformas te gustaría proponer para el sistema de justicia?

2a S Escucha y contesta a las preguntas.

1 ¿Cuáles son los cuatro motivos para denunciar el crimen?
2 ¿Cuáles son los tres motivos para no hacerlo?

2b Escribe 150 palabras para explicar los motivos a favor o en contra de denunciar el crimen a las autoridades. Incluye también otros motivos que puedas imaginar y tu reacción personal a la situación.

3 Busca sitios de Internet en español dedicados a los siguientes temas. Toma apuntes sobre:

● hechos e información
● vocabulario y lenguaje técnico

1 Abusos de los derechos humanos
2 Derechos constitucionales y reformas al Código Penal
3 Estadísticas relacionadas con el crimen

Europa – hoy y mañana

Al final de esta unidad, sabrás abordar los siguientes temas:

◆ la organización y la función de las instituciones de la Unión Europea

◆ la vida europea hoy en día

◆ el porvenir de Europa

Sabrás mejor:

◆ utilizar la voz pasiva y cómo evitarla

◆ traducir un texto al español ¡sin caer en trampas!

¿Cuánto sabes ya?

1 ¿Cuántos países forman la UE?

2 ¿En qué año se formó el primer grupo?

3 ¿Con cuántos países comenzó?

4 ¿Cuándo hubo el referéndum en Inglaterra?

5 ¿En qué año se incorporó España?

6 ¿Qué ciudad es la Capital Cultural este año?

7 ¿Cuántas banderas reconoces?

8 ¿Cuántas estrellas tiene la bandera europea?

9 ¿Cuántos billetes de euro hay?

10 ¿Cómo son las monedas?

11 ¿Cuántos euros recibirías por £10?

12 ¿Quién es el actual presidente de la UE?

13 ¿Dónde está la sede del Parlamento?

14 ¿Cómo se llama tu eurodiputado?

15 ¿Qué partido político representa tu eurodiputado?

Tu profesor(a) te dará las respuestas.

13–20: Eres euroentusiasta

7–12: Eres euroindeciso/a

0–6: Eres eurofóbico/a

La Unión Europea

¿Cuáles son los diferentes componentes del sistema?
¿Cómo funcionan? ¿Con qué fin?

1a Estudia la información.

Esbozo del camino hasta ahora

Marzo 1957:	Tratado de Roma. Bélgica, Francia, Alemania, Italia, Luxemburgo, Países Bajos forman la CEE
1973:	Primera ampliación: Reino Unido, Dinamarca, Irlanda
1981:	Adhesión de Grecia
1986:	Adhesión de España y Portugal
1995:	Adhesión de Austria, Finlandia, Suecia
Diciembre 1991:	El tratado de Maastricht – La Unión Europea (UE)
Enero 2002:	12 naciones comienzan a usar el euro
Diciembre 2002:	Trece años después de la caída del muro de Berlín deciden incorporar a los estados del este de Europa más Chipre y Malta
1 de mayo 2004:	La Europa de los 25
Junio 2004:	La Carta Magna

Palabras claves

el diputado	el poder
el sufragio	la legislación
el presupuesto	la política
enmendar	

1b 🎧 Escucha el comentario y anota más detalles de cada institución mencionada.

1c 👥 Describe una de las instituciones y explícale a un(a) compañero/a cómo funciona.

1d Busca en la Red otros datos sobre otra de las instituciones y preséntalos a la clase.

1 El Consejo de Europa

Fue fundado en Londres en 1949
Sede: el Palacio de Europa, Estrasburgo
Su misión: foro de debate
Ministros de cada país miembro proponen las prioridades a nivel europeo
ue.eu.int

2 La Comisión Europea

Sede: Bruselas
20 comisarios – 5 años
Presidente: José Manuel Barroso
Ministro de Asuntos Exteriores: Javier Solana
Propone legislación sobre las prioridades
europa.eu.int/comm

3 El Parlamento Europeo

Sede: Estrasburgo
735 eurodiputados (MEPs) – 5 años
Debate las proposiciones (y las enmiendas)
Lleva el control democrático
www.europarl.eu.int

• Los Ministros adoptan la nueva legislación o por unanimidad o por mayoría (= 62 votos sobre 87).
• Otras entidades que se consultan y que trabajan en unión con las tres de arriba:
– El Tribunal de Justicia y El Tribunal de Primera Instancia (curia.eu.int)
– El Comité Económico y Social (ECOSOC) (www.ces.eu.int)
– El Comité de las Regiones (www.cor.eu.int)

La zona euro

En 1979 luego de discutir la mejor manera de canjear las divisas de un país a otro dentro de la Comunidad Económica Europea (la CEE) un mecanismo para definir la tasa de cambio (ERM) fue establecido por los 9 países miembros y de allí fue creada la divisa del ECU. Tras el éxito del sistema que fue celebrado por los gobiernos relevantes, fue acordado otro programa, La Unión Económica y Monetaria (la UEM) en 1989. Buscaron el modo de mejorar la cooperación entre los bancos centrales de cada país – fase una.

En febrero de 1992 otro tratado fue firmado por los 12 países miembros: el Tratado de Maastricht. Desde entonces los países fueron denominados los estados miembros y la entidad fue denominada la Unión Europea. El Mercado Común fue creado en el cual los países pudieron cambiar productos sin pagar Impuestos de Valor Añadido (IVA) en cada país – es decir el libre intercambio de bienes, servicios y mano de obra. En enero de 1994 fue establecido el Instituto Monetario Europeo en Frankfurt cuyo objetivo fue ayudar a los estados miembros a estabilizar los precios y controlar la inflación, en fin aconsejar en todo asunto fiscal – fase dos.

Para llegar a la fase tercera los países deben satisfacer ciertos criterios adoptados por el Banco Central Europeo (1999 www.ecb.int). Este mismo fijó la tasa de cambio de las divisas de los doce países que querían funcionar dentro de la zona euro y como ya es bien conocido el euro empezó a circular en los bolsillos de los consumidores en enero de 2002.

Hay 7 billetes de 5, 10, 20, 50, 100, 200 y 500€ de diferentes colores y tamaños representando la herencia cultural de Europa y 8 monedas de 1, 2, 5, 10, 20 y 50 céntimos y de 1 y 2 euros con el diseño de cada país en una cara y la otra cara fija.

La entrada en circulación de la divisa europea fue tímida, tanto respecto al dólar y el yen como frente a la libra esterlina. Pero el buen estado de las cuentas en los países de la zona euro, algunos escándalos financieros en Estados Unidos y, sobre todo, la desaceleración de la economía norteamericana sirvieron para dejar al descubierto la vulnerabilidad del dólar. Según datos del Banco de España, los españoles han dejado sin canjear más de 2.099 millones de euros en billetes y monedas de peseta.

2a Lee el texto y corrige las frases absurdas de abajo.

1 En 1979 se estableció un mecanismo para encontrar las divisas de cada país miembro.
2 Los gobiernos celebraron el éxodo del mecanismo.
3 En 1992 cambiaron el nombre de la Comunidad Económica Europea por el de la Unidad Europea.
4 El Banco Central Europeo trata de establecer los precios.
5 El euro empezó a cambiar en enero del año 2002.

2b Busca los nueve verbos en voz pasiva y escríbelos en voz activa.

2c Escribe cinco verbos más en voz pasiva.

3a Escucha las opiniones. ¿Quién dice …?

1 que le gusta la teoría pero que la práctica no siempre la respalda
2 que aprovecharon el momento para subir los precios
3 que nunca estuvo de acuerdo con el euro
4 que todavía es temprano para decidir sobre el euro
5 que no le gustan las monedas porque son demasiado pequeñas

3b Discute con un(a) compañero/a: ¿Cuáles son los argumentos a favor y en contra del euro?

3c ¿Tú, qué opinas del euro? Escribe unas 150 palabras.

3d Busca en Internet:
◆ ¿Cuál es el tipo de cambio contra el dólar y el yen actualmente?
◆ Describe 10 de las monedas: país, divisa, diseño.

Ampliación

¿Qué importancia tiene la UE en el mundo actual? ¿Cómo puede representar a tantas naciones diferentes?

miembros antes de 2004

miembros desde 2004

solicitantes

FINLANDIA 5.232.000
DINAMARCA 5.397.000
SUECIA 9.010.000
ESTONIA 1.360.000
IRLANDA 4.019.000
PAÍSES BAJOS 16.255.000
LETONIA 2.319.000
REINO UNIDO 59.600.000
LITUANIA 3.446.000
BÉLGICA
ALEMANIA 82.633.000
POLONIA 38.158.000
LUXEMBURGO 451.900
REPÚBLICA CHECA 10.230.000
FRANCIA 60.011.000
ESLOVAQUIA 5.381.000
PORTUGAL 10.390.000
HUNGRÍA 10.106.000
RUMANIA 21.480.000
ESPAÑA 41.895.000
AUSTRIA 8.022.000
BULGARIA 7.595.000
ESLOVENIA 1.954.000
ITALIA 57.987.000
GRECIA 11.208.000
TURQUÍA 75.059.000
MALTA 383.600
CHIPRE 950.400

> **El 1 de mayo de 2004 es una fecha clave en la historia de Europa.**
>
> **Marca el momento de la ampliación cuando los diez nuevos miembros se incorporaron a los otros primeros quince. No sólo borra las fronteras de la guerra fría sino que realiza el sueño del triunfo democrático y del libre mercado - establece definitivamente los valores que simbolizan Europa.**
>
> **Jamás en los anales de la historia de Europa ha vivido tanta gente bajo condiciones de paz, democracia e imperio de la ley basadas en la soberanía compartida de la Unión Europea. Es el símbolo de la liquidación de un terrible siglo XX de guerras fratricidas y barreras de separación.**

1a Escribe la nacionalidad y el idioma de cada país.

1b Busca en Internet la fecha de incorporación y describe el desarrollo de la UE.

2a Lee el texto y busca palabras que signifiquen:

1 enlargement	6 the rule of law
2 erases	7 shared sovereignty
3 cold war	8 the end of
4 fulfils the dream	
5 never in the annals of time	

2b Traduce estas frases al español, utilizando el texto de arriba para ayudarte.

1 This is a key moment in the history of our country.

2 It not only marks the day when democracy triumphed but also when barriers came down.

3 The fifteen original states became a community of twenty-five.

4 The basis for this shared sovereignty is the rule of democratic law.

5 The twentieth century was one of divisions and civil strife.

2c Traduce el texto al inglés.

3 🎧 Escucha las opiniones y anota si están a favor o en contra de la UE y de su ampliación o si no saben.

Pros y contras para la economía

Hay que preguntarse: ¿Cómo va a afectar a la situación actual?

Lo que está claro es que con unos 455 millones de habitantes la Unión Europea de los 25 países será el mercado más grande del mundo.

Ante todo y sin lugar a dudas abre un nuevo mercado de 75 millones de consumidores potenciales. Desde luego muchas empresas españolas se han preparado para sacar partido del nuevo mercado. Además, muchos directivos de grandes empresas piensan invertir en los nuevos estados de la Unión.

La otra cara de la moneda es que España ha gozado de mucha inversión de la UE y perderá casi seguro fondos de cohesión a partir de 2007. Cuando se piensa que ha recibido nada menos que casi 12 millones de euros entre 2000 y 2006 va a ser algo crítico para la economía nacional. He aquí unas respuestas sobre una encuesta que se llevó a cabo precisamente sobre el asunto.

¿Está España preparada para dejar de recibir ayudas de la UE?
Así votaron:

A: Sí, nuestra economía es sólida.	11%
B: Sí, las ayudas son una rémora.	25%
C: No, estamos lejos de alcanzar Europa.	35%
D: No, muchas familias quedarían en precario.	29%

Encima de esto hay que contar con la deslocalización de empresas a estos nuevos países miembros a causa de su bajo nivel de costes laborales. El sueldo mínimo de un empleado letón, por ejemplo, está en 119 euros mensuales y en España se quiere elevarlo a 600 euros. En el este de Europa los trabajadores están mejor cualificados: 8 de cada 10 tienen estudios secundarios mientras que en España se calcula que sólo 4 de cada 10.

Por último no hay que extrañarse de que Alemania acabe trasladando muchas de sus industrias, sobre todo los grandes consorcios automovilísticos, a los países vecinos. Total: es de temer que la tasa de desempleo en los países más ricos aumente.

4a Lee el texto y busca frases que signifiquen:

1	without a shadow of doubt	6	here are
2	of course	7	moreover
3	to take advantage of	8	on account of
4	besides	9	minimum wage
5	nothing less than	10	whilst

4b Contesta a las preguntas.

1 Da tres posibles ventajas de la ampliación.
2 ¿Cuáles son los posibles problemas para España según el artículo y la encuesta?
3 ¿Qué otros factores afectarán a la situación económica?
4 ¿Qué conclusión saca?

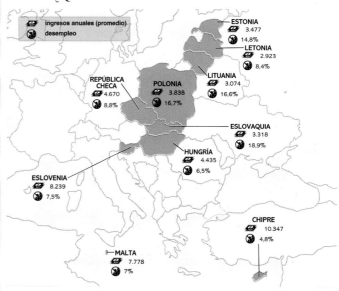

4c 👫 Mira el mapa y con un(a) compañero/a haced comparaciones.

4d Escribe las frases de abajo en español.

1 With the inclusion of 10 new countries a whole new market will be opened up.
2 Many of the original 15 countries will now try to take advantage of this potential market.
3 Without a shadow of doubt a great deal of investment has been received by Spain.
4 The Spanish economy will be affected by the loss of EU funding after 2007.
5 Many large companies will be relocated to these new countries.
6 Not only do their workers have a lower minimum wage but also they are often better qualified.

Los retos y los desafíos

¿Cuáles son los problemas más urgentes para el nuevo bloque? ¿Cómo resolverlos a nivel europeo ante un mundo cada vez más globalizado?

La batalla de la Constitución o La Carta Magna de Europa

1 El 18 de junio de 2004 fue la fecha decisiva para adelantar este acuerdo pero el documento técnicamente no es una constitución. Además es de lamentarse que jamás haya sido llamado así cuando en realidad se basa en cinco tratados ya acordados y firmados. Solamente se trata de reconfirmarlos y aclararlos para que las relaciones entre los 25 puedan funcionar más fácilmente.

2 Después de que sea proclamado y firmado oficialmente en Roma en diciembre 2004 todos y cada uno de los estados miembros deberán ratificarlo para que en 2007 pueda convertirse en letra viva y entrar en vigor. De aquí en adelante la política comunitaria se ha dado cuenta de que se la juega aventurándose con un referéndum o confirmándolo con aprobación parlamentaria. ¿Cuál será el calendario de consultas y cómo se llevarán a cabo? son preguntas pendientes.

3 Según los datos del Eurobarómetro, si se convocaran ahora, la mayoría de los referéndums darían un respaldo mayoritario a la Carta Magna; una media del 63% de los ciudadanos europeos está a favor de la idea. Sin embargo los votos en contra son ascendentes y en algunos países habrá que hacer un esfuerzo titánico para superar el euroescepticismo sea a raíz de la ignorancia, de la desinformación o de la simple oposición a todo lo que significa la UE.

4 La Cumbre de Jefes de Estado dejó claro que el dilema soberanismo–federalismo sigue sin resolución y que el eje franco–alemán es temido por los países pequeños que buscarán el apoyo de otros países. Es de temerse que el sentimiento básico de ayuda mútua europea haya sido reemplazado por los intereses creados de cada cual del grupo.

5 ¿Qué pasará? Si las cuatro quintas partes ratifican el texto en un plazo de dos años, los líderes de la UE deberán decidir qué pasa con el resto. Si es así lo más probable es que desemboque en una Europa de varias velocidades como ahora existe entre los 12 de la zona euro.

6 La productividad europea se sitúa en un 12% por debajo de la registrada por EEUU en 2003 así que si la nueva Europa quiere enfrentarse con sus competidores en el mercado globalizado la clave es encontrar el equilibrio entre flexibilidad y seguridad. Con unos 455 millones de habitantes su enorme tamaño crea múltiples complicaciones de modo que es imprescindible racionalizar los procedimientos y trámites y hacer más eficientes los procesos de tomar decisiones si quieren evitar atascos burocráticos resultando en la impotencia política.

Imagínese a 25 ministros alrededor de la mesa redonda: a cada uno le tocaría hablar solamente dos minutos y medio para llenar una hora …

1a Lee el texto. ¿Qué párrafo trata de …?

   a las actitudes

   b el tamaño

   c la explicación

   d los temores

   e el desarrollo

1b Corrige estas frases según el texto.

   1 Trata de cinco constituciones.

   2 Todavía no han sido firmados.

   3 No han decidido cuándo se va a llevar a cabo.

   4 Unos países van a jugar a la política.

   5 Parece que hay un acuerdo general.

   6 Los países con menos población temen a todos los grandes.

   7 Si no alcanzan un acuerdo la UE dejará de existir.

   8 El reto grande es salir del mercado global.

   9 No es complicado organizar a 455 millones de personas.

  10 Se cree que va a haber mucha flexibilidad en las oficinas europeas.

1c Busca en el texto:

sinónimos de:

   1 anunciado

   2 transformarse

   3 corroborar

   4 cuestiones

   5 endorsar

antónimos de:

   6 descendentes

   7 ceder a

   8 sabiduría

   9 confuso

  10 oposición

palabras o frases que signifiquen:

  11 each and every one

  12 come into force/take effect

  13 from here onwards

  14 all is to play for

  15 remains unresolved

  16 four-fifths

  17 lower than

  18 to face up to

1d Traduce estas frases al inglés.

   1 se ha dado cuenta de que

   2 se llevarán a cabo

   3 darían un respaldo mayoritario

   4 los intereses creados

   5 que desemboque en

   6 atascos burocráticos

1e Describe la caricatura de la página 84.

   ◆ ¿Qué quiere decir, en tu opinión?

   ◆ Justifica tu respuesta.

2a 🎧 Escucha el reportaje y explica lo que dice sobre:

   ◆ la votación

   ◆ el mercado laboral

   ◆ la defensa

   ◆ el medio ambiente

2b 🎧 Escucha la segunda parte y contesta a las preguntas.

   1 ¿Qué problema enfrenta el proyecto Transeuropa?

   2 ¿De qué se queja España? ¿Está sola en esta situación?

   3 ¿Qué justificación ofrece el eje París–Berlín?

   4 ¿Cuál es la respuesta de la Comisión Europea?

3a 👥 Debate de clase: en grupos discutid la pregunta.

¿Disponemos de un poder europeo relevante en un escenario mundial nuevo, el de la globalización, convulsionado por la crisis de seguridad, por los problemas enérgicos, por la magnitud de los flujos migratorios o por la revolución tecnológica en curso?

3b ¿Cómo debería ser este "poder europeo relevante", en tu opinión? Escribe unas 350 palabras.

Extra Completa las actividades en la Hoja 22.

¡Atención, examen!

The activities on these pages will help you to:
- use the passive and avoid it
- improve your translating into and writing in Spanish

Gramática ➡ 132 ➡ W62

The passive and avoiding it

- The passive in Spanish can be used in all tenses.

(A) Indicate the tense used and translate these sentences. What is the rule about the past participle?

1 La Nueva Constitución fue aprobada por el Consejo de Ministros el 13 de junio de 2004.
2 Las nuevas leyes serán confirmadas dentro de dos años.
3 El nuevo sistema de votación ha sido aceptado por los ciudadanos.
4 Apenas hubo sido convocado el Parlamento acordaron las reformas legislativas.
5 El tratado va a ser ratificado la semana que viene.
6 Antes del fin del año el referéndum habrá sido convocado por el primer ministro.
7 Estaba seguro de que la resolución habría sido traducida a todos los idiomas de la UE.

- As an alternative to the passive you can:
  – Turn the sentence around and make the verb active:
  *El acuerdo económico **fue introducido por** Robert Schuman en 1951.*
  *El acuerdo económico **lo introdujo** Robert Schuman en 1951.*
  (Notice the use of the direct object pronoun.)

  – Use the third person plural as in the English 'they ...':
  Introdujeron el acuerdo en 1951.
  – Use the reflexive pronoun
  (especially where the passive subject has no article):
  Se habla inglés.
  Se venden periódicos.
  – Use the impersonal reflexive:
  Se dice que va a haber un referéndum.
  Se nos consultó acerca del calendario.

(B) Rewrite the sentences in A above avoiding the use of the passive.

- Note the usage of *ser* and *estar*:
La ventana fue rota (por el niño que lanzó una piedra contra ella) = action
La ventana estaba rota (porque un niño había lanzado una piedra contra ella) = state

Extra Hoja 23 provides further examples and practice.

Técnica

Translating into Spanish

- If you have a text on which to base your ideas then use it carefully and sparingly. Make a list of useful (technical) vocabulary and some phrases. Show that you can manipulate the original language and can construct sentences of your own.

(1) Use the text below to help you translate these sentences.

1 Europe may have many defects but it is still worth working towards its goals.
2 It seems incredible to think how it has grown from a handful of countries.
3 Its critics surely must recognize the need for a counterbalance in the world today.
4 We will all be better off if Europe is allowed to develop, especially since the demise of the Soviet Union.
5 The friendly dialogue and healthy competition between member states in a culturally democratic environment should not lead to hostility.

Con todas las lacras que arrastra Europa es, en el mundo de hoy, el único gran proyecto internacionalista y democrático que se halla en marcha y que, con todas las deficiencias que se le pueden señalar, va avanzando. No sólo para los europeos es importante que la Unión se consolide y progrese. El mundo estará mejor equilibrado si una gran comunidad europea sirve de contrapeso a la única superpotencia que ha quedado en el escenario luego de la desintegración del imperio soviético. Contrapeso significa competencia sana, diálogo, incluso tensión amistosa; no hostilidad.

Técnica

Pitfalls of language when writing in Spanish

Remember that there are often subtle differences between Spanish and English. Check out the following, write examples of your own in Spanish to illustrate each one, then write the English equivalent beside it.

- the use of definite or indefinite articles

- the position of adjectives

- the singular and plural forms of nouns

- words which have several meanings, e.g. 'time': *la hora, el tiempo, la vez*

- the use of pronouns, especially the relative pronoun *que*

- the sequence of tenses

- time constructions

  for/since: *desde/desde que/desde hace*

  for: *durante/en/para/por*

- active and passive sentence forms

- verb constructions with:

al + infinitive	*soler*	*ponerse a*
después de + infinitive	*volver a*	*acabar de*
deber + infinitive		
poder + infinitive		
querer + infinitive		

  ('-ing' in English = the infinitive in Spanish)

- two-verb constructions:

permitir	*gustar*	*esperar*
querer	*intentar*	

- verbs to keep an eye on:

  to become = *hacerse/llegar a ser/convertirse en*

  to ask = *preguntar/pedir/rogar*

  to do or to make = *hacer* (+ infinitive)

  to take = *tomar/sacar/llevar/coger*

  to think = *creer/opinar/pensar*

  to know = *saber/conocer*

- Write down all the expressions used with:

tener	*estar*
hacer	*dar*

- tricky words or false friends:

  actual, éxito, librería, miseria, real, realizar

- prepositions:

  a, en, sobre, de, ante, delante, de, desde por and *para*

  verbs which take different prepositions:

  a = aprender a, ayudar a

  de = dejar de, olvidarse de, tratar de

  en = consentir en, consistir en

- pitfalls in spellings and accents

(1) Translate the following sentences into Spanish.

1 Spanish is a very useful language to learn nowadays.
2 People are worried about the enlargement of Europe.
3 A friend of mine is an MEP.
4 The average European is in favour of the new Constitution.
5 Poland is a great country.
6 I need to do more homework on Europe.
7 It is time for us to decide about the euro.
8 The goods you bought on the internet have arrived.
9 The man I told you about works in Brussels.
10 If I had seen you before I would have invited you to dinner.
11 How long had you known him?
12 I had known him for many years when he died.
13 He will be sorely missed by us all.
14 The EU used to be called the EEC.
15 They have just made a new law about the environment.
16 They asked him to join the committee.
17 The new law is a great success.
18 You have your whole life before you.
19 She learnt to try to help herself and to forget it.
20 Even if he says yes I still only know a little about him.

Extra Hoja 24 provides further examples and practice.

A escoger

1a S 🎧 Escucha la discusión y completa las frases.

1 Mirén cree que …
2 La opinión de Pepe …
3 Según lo que entiende Alicia …
4 El profesor piensa que …
5 Todos están de acuerdo …

1b S 🎧 Escucha otra vez y explica con tus propias palabras lo que significa la frase:
La construcción de Europa no tiene que implicar la destrucción de España.

2 Mira la imagen y contesta a las preguntas.

1 Inventa un título.
2 Describe la imagen y explica lo que significa para ti.
3 ¿Cuál es el mensaje?
4 ¿Cuál es la solución, en tu opinión?

3a Lee el texto luego escribe un resumen en el que mencionas:

1 el tamaño   4 el referéndum
2 la cohesión   5 los límites
3 el desinterés

3b 🧑‍🤝‍🧑 Discute la frase subrayada con un(a) compañero/a. ¿Cuánta importancia tiene para ti registrar tu voto?

4 ¿Cómo quieres que sea la Europa del futuro? ¿Cómo crees o esperas que funcione? ¿Cuántos estados miembros habrá? Escribe unas 350 palabras.

El sistema europeo es demasiado grande, complejo y remoto y no ha hecho lo suficiente para reformar la política agrícola – empero después de 30 años está tan presente en nuestras vidas que no podemos prescindir de ello y hemos llegado a la certidumbre de que merece la pena seguir adelante.

No es fácil, psicológicamente, conseguir que sociedades moldeadas por los límites y los intereses nacionales acaben convergiendo en una verdadera opinión pública europea. Sería, no obstante, de ciegos, no reconocer desde una perspectiva histórica la trascendencia, y lo irreversible, del camino recorrido hasta ahora.

No podemos ignorar el aviso que supone el desinterés mostrado por los electores europeos pero tampoco debemos minusvalorar lo que significan 150 millones de votos registrados en las urnas del 13 de junio 2004. Es imprescindible recordar a los eurofóbicos y a los euroescépticos que por pocos o muchos que sean, son los votos depositados en las urnas los que cuentan para legitimar decisiones y procesos políticos.

Tras los comicios se ha llegado a un acuerdo sobre la Constitución Europea. Hoy somos más europeos que ayer, pero mucho menos que mañana. Por lo menos aquí en España ya se ha anunciado un referéndum que abrirá el camino a un debate necesario; a fin de cuentas la ciudadanía tiene que darse cuenta de que Europa no está lejos, está aquí.

Sin embargo exige aclarar definitivamente cuántos vamos a ser; hasta dónde va a ampliarse; cómo será el mapa final para que sea una UE manejable y posible.

¿Debemos establecer relaciones de asociación privilegiada de la UE con Turquía, Rusia o Marruecos o debemos defender su inclusión como miembros de pleno derecho a la misma? Hay que definir los límites si no queremos terminar como un mercado gigantesco y nada más.

Asuntos globales

Al final de esta unidad, sabrás abordar los siguientes temas:

◆ responsabilidades y polémicas internacionales

◆ los conflictos mundiales y los derechos humanos

◆ la globalización y la interdependencia económica

Sabrás mejor:

◆ repasar la gramática y las competencias

◆ prepararte para el examen final

◆ verificar tu trabajo

1a Identifica los temas en el dibujo.

1b Añade otros temas polémicos.

la falta de agua

la venta de armas

los derechos humanos

la crisis energética

la hambruna

la deuda

el terrorismo

la destrucción del medio ambiente

las armas de destrucción masiva

las pandemias

CUANDO YO SEA GRANDE QUIERO QUE EL MUNDO TODAVÍA ESTÉ AQUÍ

1c  Discute con un(a) compañero/a:

1 Todos somos ciudadanos del mismo mundo: ¿Qué papel desempeñamos o deberíamos desempeñar? ¿Cómo describirías a un ciudadano del mundo?

2 ¿Los animales también tienen derechos? Da cinco razones a favor y cinco en contra.

3 ¿Cuál de los tantos temas es el más urgente, en tu opinión?

El futuro del planeta

¿Cuáles son los peligros que amenazan a nuestro planeta?

1 🎧 Escucha el noticiero verde y anota el país/la región, el problema y otro dato más.

2a 🎧 Escucha el informe sobre los espacios protegidos y relaciona cada cifra con una palabra o frase que le corresponda.

1	zonas protegidas	**a**	0,5%
2	superficie	**b**	7,8%
3	extensión terrestre	**c**	832
4	lagos	**d**	102.000
5	mares y océanos	**e**	1864 y 1872
6	zonas preservadas	**f**	18,8 millones
7	América Central y del Sur	**g**	43.000
8	espacios naturales	**h**	$^{1}/_{10}$
9	territorio nacional	**i**	25%
10	Yosemite y Yellowstone	**j**	11,5%

2b Busca en Internet otros datos recientes y escribe un noticiero verde parecido.

3a Lee las tiras de los periódicos y relaciona cada texto con un titular.

a El Ebro – la segunda batalla
b El hambre – el mal que no cesa
c El ecolo escéptico
d Violación de los derechos humanos
e Cuadrar el círculo
f La explosión del pueblo
g Venta de armas españolas
h La tecnología a la ayuda humana
i La paz hecha añicos
j Otra cara de la guerra

1 Las ONG dicen que en España <u>no se cumple el código</u> de conducta de la UE y <u>denuncian las ventas</u> a países donde <u>no se respetan los derechos humanos</u>. El 16% de las 110.000 armas requisadas a "narcos" en Río de Janeiro eran españolas y <u>se habían vendido</u> **legalmente**, según un estudio policial.

2 A los 38 años, Bjørn Lomborg se ha hecho **famoso** por la publicación de su polémico libro en el que asegura que las organizaciones verdes <u>ofrecen un panorama</u> **inexacto** de la situación global y que en realidad el planeta está más sano de lo que <u>se pinta</u>.

3 La derogación del Plan Hidrológico Nacional <u>resalta la diferencia</u> de la España húmeda, Cataluña y Aragón, frente a la seca, Valencia y Murcia. Ya no habrá trasvase de 1.050 hectómetros cúbicos anuales del río Ebro a **la zona** de Levante.

4 <u>Se predice que</u> para el año 2050 la población global habrá alcanzado la cifra alarmante de 9,3 billones. La gran mayoría vivirá en los países más **pobres** del mundo donde la falta de comida, agua, sanidad, educación y energía básica <u>exacerba un cuadro</u> ya desalentador.

5 Un grupo de niños iraquíes ha pasado unos días en la base aérea de Armilla (Granada) invitados por el ejército español. Durante 28 días aunque muchos <u>llevaron</u> **el horror** agazapado bajo la aparente alegría disfrutaron **del orden**, del buen trato además de los juegos y la piscina – *mesbeh* – que <u>se convirtió en una palabra mágica</u> para ellos.

6 Los 146 países que componen la Organización Mundial del Comercio (OMC) <u>discutieron ayer la liberalización comercial</u> que **ayude** a los países pobres, sin perjudicar los intereses de **los ricos**. El debate sobre las cuestiones agrícolas ha sido uno de los nudos gordianos de la conferencia.

3b ¿De qué trata cada texto? Escribe una frase para resumir cada uno.

3c Analiza cada texto y comenta:
- el tiempo de los verbos
- la concordancia de los adjetivos
- el uso de ser/estar
- pronombres relativos

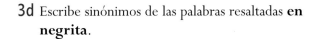

3d Escribe sinónimos de las palabras resaltadas **en negrita**.

3e Escribe frases pasivas para las frases subrayadas.

3f Escribe textos parecidos para los titulares que sobran.

4a Lee el texto y contesta a las preguntas.

1 ¿Qué significa el título? ¿Cómo se relaciona con el texto?
2 ¿Qué importancia tienen las cinco cifras del texto? ¿Qué indican?
3 ¿Qué conclusión saca? ¿Qué opinas?

¿Eres capaz de comer menos para que otros puedan comer?

Un estudio establece que <u>la población</u> mundial culminará en el 2070 con más de 9.000 millones de <u>seres humanos</u> para luego descender ligeramente. Por consiguiente hay muchas preguntas que nos vienen de inmediato **a la mente**. ¿Cómo cabremos todos en el planeta? ¿Serán <u>sostenibles nuestras acciones</u> en cuanto a los recursos humanos de la Tierra?

A lo largo de la historia los índices de natalidad y mortalidad han subido poco a poco pero últimamente han crecido de forma alarmante; la población mundial se ha duplicado en los últimos 50 años de tal forma que la mayoría no logran sino malvivir.

Tal cifra desorbitada exige que aprendamos a convivir y a beneficiarnos de los recursos que nos ofrece <u>el planeta Tierra</u> sobre todo cuando se piensa que hay 5.000 grupos étnicos en el mundo pero sólo 190 países donde vivir.

4b Analiza el texto.

1 ¿Los dos sustantivos resaltados **en negrita** siguen la regla general?
2 Comenta la concordancia de las frases subrayadas.
3 Indica la frase que contiene un subjuntivo y explica por qué se usa.

5 Mira el gráfico y lee el texto. Discute con un(a) compañero/a:

1 las estadísticas: ¿Cómo se comparan? ¿Qué indican?
2 la implicación de la última frase
3 posibles soluciones. Usa las frases siguientes:

◆ es importante que   ◆ hace falta que
◆ será necesario que   ◆ a menos que
◆ sería mejor que

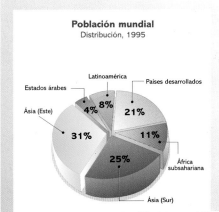

Población mundial
Distribución, 1995

Estados árabes 4%
Latinoamérica 8%
Países desarrollados 21%
África subsahariana 11%
Ásia (Sur) 25%
Ásia (Este) 31%

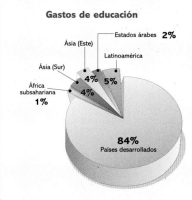

Gastos de educación

Estados árabes 2%
Ásia (Este) 4%
Latinoamérica 5%
Ásia (Sur) 4%
África subsahariana 1%
84% Países desarrollados

La educación es tal vez el factor más importante en el desarrollo; no sólo informa la salud y la sanidad, sino que la creación de bienes y la cultura política dependen de ella.

Según datos recientes aunque 155 países afirmaron su plan de alcanzar una educación primaria universal para el año 2000 todavía hay 125 millones de niños de edad escolar que no tienen acceso a una educación básica y otros 150 millones abandonan los estudios antes de poder leer y escribir. Va sin decir que la determinación política de invertir en la educación del país es imprescindible para que se rompa el círculo vicioso que forman la pobreza, la falta de enseñanza básica y la deuda económica.

6 Escribe unas 200 palabras sobre el siguiente tema: Los peligros que enfrentan el planeta son agobiantes e insolubles.

Guerra y terrorismo

Desde tiempos inmemoriales, el terror ejerce su estrategia destructiva al amparo de reivindicaciones sociales, religiosas o nacionalistas.

1a Lee el texto. ¿En qué orden se mencionan los siguientes?

a el perfil
b los objetivos
c la publicidad
d el origen
e dos edificios
f el disfraz
g ETA
h Atocha
i el tercer milenio

1b Escribe una frase para explicar cada uno.

...y las pautas del terrorismo ...

En 1798 la palabra terrorismo apareció por primera vez en un diccionario francés. Sin embargo la primera manifestación histórica tuvo lugar en el año 66 en Palestina con los "sicarii", un grupo radical que luchaba contra los romanos. Hoy por hoy el terrorismo por el mundo depende enormemente de la **cantidad** de publicidad que reciba; busca el mayor impacto mediático.

Desde la bomba del Teatro Liceo de Barcelona hasta las **Torres** Gemelas de Nueva York el terrorismo se ha disfrazado con caras tan diversas como de extrema izquierda, católicos contra **protestantes**, fascismo y nazismo, los **bóxers** en China, tanto los grupos anarquistas como los **falangistas** antes de la Guerra Civil de España, y todos los grupos recientes que practican el **terror** para amedrentar a sus **opositores**, a los que resulta imposible dar un solo nombre o reducir a una sola ideología.

Desgraciadamente a España le ha tocado bastante violencia a **manos** de los **terroristas** desde la bomba lanzada por un **anarquista** en 1893 en el Gran Teatro del Liceo de Barcelona, símbolo de la burguesía catalana, y el atentado contra el rey Alfonso XIII el 13 de mayo de 1906 cuando se casó con la princesa Victoria Eugenia de Battenberg. En agosto de 1968

cuando mataron al **jefe** de la Brigada Social de San Sebastián comenzó el período de **brutalidad** terrorista de ETA. Tras la matanza en el supermercado Hipercor en junio 1987 el pueblo español manifestó su rechazo total de forma mayoritaria contra los violentos.

La terrible **masacre** de Atocha del 11 de marzo 2004 con un saldo trágico de 192 muertos y 1.500 heridos sólo sirvió para confirmar el disgusto nacional por el terrorismo.

Es imposible describir el **perfil** psicológico de los terroristas porque sus personalidades son tan dispares como los objetivos que persiguen los grupos a los que pertenecen. Ya a comienzos del tercer milenio la violencia evoluciona con conexiones internacionales, con el tráfico de armas y el narcotráfico de tal forma que se ha convertido en un problema complejo y aparentemente insoluble. Por si fuera poco, toma otra escala cuando se recurre a las **armas** de destrucción masiva, químicas o nucleares. Ya es hora de que se potencie la cooperación internacional en la lucha contra el terrorismo global.

1c ¿Los sustantivos resaltados **en negrita** son regulares o irregulares?

1d Escoge un ejemplo de cada tiempo y forma de los verbos del texto.

1e Busca en el texto frases que signifiquen:

a took place in
b has disguised itself
c in order to terrify
d had its fair share
e as if that weren't enough

2 Debate de clase:
¿Se puede justificar una acción violenta e indiscriminada para alcanzar ciertos fines políticos?

3 Busca más datos sobre ETA y prepara una presentación oral. Incluye datos sobre:
- sus orígenes
- su meta
- consecuencias de sus acciones

4 🎧 Escucha el noticiero y anota el conflicto y unos datos más para cada uno.

5a 🎧 Escucha el reportaje cuantas veces sea necesario y reorganiza los puntos claves de abajo.

a los autores
b los derechos humanos
c Núremberg
d las fotos
e normas
f la nueva doctrina
g el texto celebrado

5b Escribe una frase completa que resuma cada punto.

5c Traduce las frases al español.

1 There exists a set of international rules which were established over 60 years ago.
2 It is absolutely essential that every country understand and respect human rights.
3 The atrocities of war are so evident all over the world today.
4 No one should turn a blind eye to the torture and crimes against humanity which some governments perpetrate against prisoners of war.

6a 👥 Mira las dos imágenes de abajo y discute las frases de abajo con un(a) compañero/a.
- Las cosas no cambian – no aprendemos nada.
- La intolerancia y la injusticia son uña y mugre.
- "La dignidad esencial del individuo humano, la igualdad fundamental de todos los hombres y los derechos inalienables a la libertad, la justicia y una oportunidad justa" (Jefferson, *Declaración de Independencia*)

6b Compara las dos imágenes. ¿Qué opinas?
¿Qué impacto tiene la violencia sobre la ciudadanía?

7 Escribe unas 350 palabras sobre el siguiente tema:
La guerra no es más que un fracaso, el gran fracaso de la razón, de los sentimientos, y sobre todo, de la humanidad.

Extra Completa las actividades en la Hoja 25.

No hubo remedio de Goya, 1799

Irak, 2004

93

Enmendar un entuerto

¿Qué significa la palabra "globalización"? ¿Y cómo nos afecta?

1a 🎧 Escucha a las chicas y anota el producto y la marca y añade otro dato para cada uno.

1b ¿Cuántos productos de marca internacional puedes nombrar? ¿Sabes dónde y bajo qué condiciones se producen? ¿Qué entiendes tú por el comercio justo?

2a 🎧 Escucha el reportaje y anota:

1 el foro
2 el tema principal
3 posibles soluciones
4 el problema agrícola

2b Empareja las dos partes de las frases y luego traduce la frase entera al español.

1 The World Trade Organization met to discuss amongst other things
2 However, as always there was a clash of interests between
3 Once again they failed to reach their <u>main</u> objective
4 At least this time we didn't have to witness the chaotic scenes of antiglobalization protestors that
5 The question mark hanging over agriculture
6 Each year farmers are subsidized so much in the EU and US and Japan that

a were so disruptive to the <u>original</u> Seattle talks.
b remains as always one of the <u>biggest</u> stumbling blocks.
c the widening gap between <u>developing</u> countries and the wealthy group of countries.
d poorer countries are forced to import <u>cheap</u> foods which they could just as easily grow for themselves.
e which is to produce a promise of intentions which all can subscribe to before 1 January 2005.
f the millions of dollars of <u>the rich</u> countries and the petitions of the least favoured countries.

2c Busca sinónimos o antónimos en español de las palabras subrayadas.

2d Escribe un resumen en español basado en las frases de la actividad 2b.

3 Lee el texto y explica lo que significa a una persona hispanohablante.

1 ¿De qué trata?
2 ¿Cómo comenzó?
3 ¿Con qué fin?
4 ¿Cómo funciona?
5 ¿Te gusta la idea? ¿Por qué?

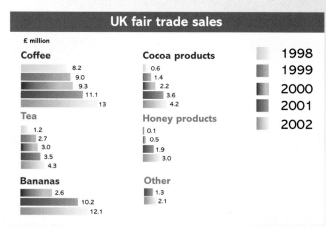

Vote with your shopping basket against the injustices of global trading systems

UK fair trade sales		
£ million		

Coffee	Cocoa products	
8.2	0.6	1998
9.0	1.4	1999
9.3	2.2	2000
11.1	3.6	2001
13	4.2	2002

Tea	Honey products
1.2	0.1
2.7	0.5
3.0	1.9
3.5	3.0
4.3	

Bananas	Other
2.6	1.3
10.2	2.1
12.1	

Fairly traded food, for which a small premium and a guaranteed price is paid directly to farmers in developing countries, has become Britain's favourite way to help people. Set up by five development charities in 1994 the Fairtrade foundation has expanded from one brand of coffee to 130 foods, including fruit, juices, vegetables, snacks, wine, tea, sugar, honey and nuts. There now exists an awareness that unfair trade has left hundreds of millions struggling to survive and the very growth of the organization shows that it is still possible to make a profit whilst at the same time helping people.

Garstang in Lancashire claims to be the world's first fair trade town, with 90 of its 100 businesses, including schools, churches, garages and hairdressers selling the products. Britain is now the second largest market after Switzerland. Sales are rocketing in the US and Europe's market grew by 30% last year to almost £400m.

Estimados presidentes y líderes del mundo:

Somos la generación que tendrá que vivir o mejor dicho sobrevivir, hasta malvivir, con el legado de sus decisiones e ineptitudes de modo que les rogamos a todos que tengan en cuenta nuestro futuro en vez de perseguir únicamente sus propios intereses creados. No pueden hablar de aliviar las deudas por un lado y por el otro seguir estrangulando a los países pobres, exigiéndoles cada vez más intereses.

Les advertimos que somos muy conscientes de que la globalización de productos y la mundialización de los flujos de capitales se están llevando a cabo sin atender a los derechos de las personas y negando la igualdad de oportunidades. La economía global tiene que ajustarse para incluir a los millones que mantiene en pobreza. Lo más grande no siempre significa lo mejor; todo al contrario, muchas veces es el enemigo de la creatividad y la calidad. Claro está que ustedes no se fijan en eso, sólo les interesan

los ingresos altos. Pero ustedes no se saldrán con la suya porque un medio ambiente en deterioro no reconoce fronteras ni mojones económicos; los únicos mojones que reconoce son los que contaminan las aguas donde más de un billón viven sin agua potable.

El egoísmo de las naciones ricas y las corporaciones trasnacionales es el azote de los billones que viven al margen, con la hambruna y las pandemias mirándoles a la cara. Es imprescindible que todos, tanto los países dichos desarrollados como los en vías de desarrollo nos dediquemos a un plan económico sostenible y estratégico para salir de este círculo vicioso. No se les olvide que tenemos voz y voto. Todos tenemos que cooperar para que el desarrollo y la sostenibilidad puedan ir codo con codo. Es hora de cambiar la mentalidad cerrada — arriésguense a tomar decisiones prácticas para aliviar la pobreza, el calentamiento global y los tantos conflictos del mundo. Ustedes tienen el dinero, la autoridad y los medios — háganlo antes de que sea demasiado tarde.

4a Lee la carta de una persona joven y preocupada y traduce estas frases al español. Busca ideas y vocabulario en el texto para ayudarte.

1 On the one hand world leaders talk about debt relief for the world's poorest countries and on the other hand they do nothing to release the strangle hold they have on interest repayments.

2 Globalization should go hand in glove with the vast capitals of transnational corporations as they seek out ever cheaper sources of manufacturing their goods; however, it doesn't work like that. The fat cats get fatter because they don't and won't invest in the social fabric of the countries whose workers they exploit.

3 The younger generation are going to have to live with the inept legacy of present governments who don't seem to care about the world's problems; they only make them worse.

4 They should act before it is too late because the environment knows no bounds; contamination seeps everywhere.

5 The selfish rich nations are the scourge of the underdeveloped nations facing starvation.

4b Discute con un(a) compañero/a: ¿Es una carta positiva o negativa? ¿Por qué?

4c Contesta oralmente a la carta con tus ideas y soluciones. Prepara unos apuntes y presenta tus ideas a la clase.

5 Escribe una lista de los aspectos positivos y negativos del comercio internacional.
- ¿Cómo afecta tu vida?
- ¿Cómo crees que afecta a la vida de la gente de los países más pobres del mundo?

6 ¿Las manifestaciones antiglobalización ayudan o entorpecen? ¿Qué clase de protesta es la más eficaz, en tu opinión?
Escribe unas 200 palabras y contesta a la pregunta.

¡Atención, examen!

The activities on these pages will help you to:
- revise some basic aspects of grammar
- prepare for the final exam

Gramática

You need to be confident about using the following very basic aspects of grammar. Check them out and complete the activities as required.

1 Nouns ➡ 115 ➡ W16, 75

- Learn the typical masculine and feminine noun endings.

A Add the correct definite article to each of these nouns.

> arroz   Corte Inglés   hambre   calle   tema
> flor   Canadá   UE   agua   clima   problema
> OTAN   arma   octubre   abc   foto   camión
> mano   jueves   día
> Atlántico   disco   Pirineos

Now write out the main exceptions onto cards or post-its.

B What is the difference in meaning between each of the following?

1 el capital/la capital   4 el frente/la frente
2 el orden/la orden   5 el policía/la policía
3 el corte/la corte

C When don't you need to use a definite or indefinite article?

2 Adjectives ➡ 118 ➡ W16, 75

D Write the masculine or feminine form for each of the following:

> leal   trabajador   española   guapón   superior
> naranja   portuguesa   grande   feliz

Now put each of your answers into the plural.

E **a** Write out a list of the most common adjectives which shorten their form and give examples for when they need to do this.

b Write examples for each of the following and translate them into English.

> grande   antiguo   diferente   medio   mismo
> nuevo   pobre   puro   varios

3 Verbs ➡ 125 ➡ W50, 78

Tenses

- Fill in the verb table on Hoja 26.

F Decide which tense and person is used in each of the following examples and translate them.

> tuvieron   siento   puso   has comido
> quisiera   éramos   fueron

G Identify the radical change or the spelling change for each of these verbs and say when it occurs.

> empezar   coger   dormir   encontrar
> pedir   pensar   jugar   preferir
> llover   acostarse

H Categorize each of the following:

> vaya   ven   tomad   seas   busquemos
> dé   corráis   levantaos

4 Pronouns ➡ 122 ➡ W30, 76

- Revise all the pronoun tasks on the Hojas.

5 Other

Write your own examples for each of the following:

- adverbs
- prepositions
- personal *a*
- spellings and accents

Extra Hoja 26 provides further examples and practice.

Técnica

Preparing for the final exam

For each of the topic areas:

● Write down the main issues involved.

● Make a list of arguments for and against.

● Make sure you can quote specific examples and some facts and figures. Where possible base these on Spain or Latin America.

● Sort vocabulary items into:

– key technical vocabulary – nouns, adjectives, verbs

– specific linking words and phrases

– any useful phrases connected to the topic

Do not overload your memory with non-essential vocabulary. Try to decide which words you need to produce actively and which you only need to recognize. Revise strategies for not using a dictionary.

> **Unit 1**
>
> Main issues = *estado, sociedad, individuo – papeles/definiciones de cada uno*
>
> For: *promover la salud/asegurar la educación/garantizar la seguridad*
>
> Against: *irrelevantes – cada cual vela por sí mismo – sector privado*
>
> Examples: *detalles relevantes de la Constitución*
>
> Technical vocabulary: *infraestructura, suministrar, subvencionar*

Writing skills

Look back at page 76 of Unit 7 and see the Coursework skills section (page 108).

Always keep these **three** main points in mind:

P lan – Organize your thoughts logically within a well-planned structure. Use linking words and phrases to make sure your work flows. Make the introduction and conclusion brief and to the point, referring to the title.

R elevant – Give an in-depth analysis with carefully selected examples which back up the point you wish to make. Try to use evidence from Spain or Latin America where appropriate.

A ccuracy – Use a checklist and make sure you plan in enough time – at least ten minutes in an exam – to go through your finished task slowly. Above all concentrate hard while you do this, otherwise it is a waste of time and energy.

Checklist

The best one is the one you prepare for yourself – you will stick to it, hopefully!

Try to include the following:

● Sentence construction: active – passive – subjunctive

● Verbs: irregulars – spelling change – radical change – takes preposition – tense – person – ending

● Nouns: gender – singular – plural

● Adjectives: agreement – position

● Pronouns: check the noun(s) replaced – follows a preposition – links two parts

● Other: personal *a*, prepositions, adverbs, spellings and accents

Now apply this when you do activity 6 on page 98.

Before the exam

● Write down exactly what you have to do for each unit and section of the exam.

● Familiarize yourself with all the different question types.

● Work through past examples for each section.

● Redo completed past questions from memory and then check out your new version against the previous one. Hopefully it should have improved!

● Listen to recordings as often as you can, going over past examples to ensure you understand how the answer was arrived at.

During the exam: a few do's and don'ts

● Time – equate the time you spend on a question to the marks rewarded.

● Practise counting number of words so that you can do it quickly and accurately. State the number if required.

● Write on alternate lines – this helps you to spot mistakes.

● Cross through mistakes with a single line – it's neater!

● Listening – make sure you have spare batteries and even a spare machine.

● Do not write in pencil unless you have special dispensation.

Extra Hoja 27 provides further examples and practice.

A escoger

1 **S** 🎧 Escucha la entrevista con Ignasi Carreras, director de Intermón Oxfam, parte de una de las ONG más poderosas del mundo, y contesta a las preguntas.

1 ¿El nombre de "multinacional humanitaria" es apta, en tu opinión? Por qué?
2 ¿Qué entiendes por "la otra globalización"?
3 ¿Por qué dice la entrevistadora que las causas son irrealistas?
4 ¿Qué le contesta Carreras?
5 ¿En qué demuestra su optimismo?
6 ¿Tiene razón, en tu opinión?
7 ¿Cómo empezó su carrera?

2 Lee el texto y prepara una respuesta en español.

1 ¿De qué trata?
2 ¿Cuál es el mensaje principal?
3 ¿Cómo pretende ayudar? ¿Qué ayuda aporta?
4 ¿Cómo interpreta la palabra globalización?
5 ¿En tu opinión, ¿vale la pena?

Manos Unidas
El futuro del mundo, compromiso de todos.

El presente y el futuro del mundo se están construyendo bajo el signo de la globalización. En Manos Unidas iniciamos el trienio 2004–2006, concentrándonos en los desafíos más apremiantes que presenta este fenómeno, especialmente para los pueblos del Sur; hay que conocerlos, aprender a analizarlos y a interpretarlos para imprimirle el sentido verdadero.

En este contexto hay que entender "el futuro del mundo, compromiso de todos". La globalización debe contar con los ciudadanos, no puede hacerse en contra y a costa de ellos. Todas las personas, las familias, las empresas, las instituciones deben imaginar maneras de intervenir y "gobernar" este fenómeno, para humanizarlo y ponerlo al servicio de los más pobres. En Manos Unidas trabajamos por la globalización de la solidaridad, que asegure a los más pobres oportunidades de una vida digna. Nos lo exige el respeto a la dignidad humana y la fe en la igual dignidad de todos los miembros de la única familia humana.

3 👥 Discute con un(a) compañero/a. Haz una lista de 50 maneras de salvar el planeta – ¡y no tienes que compartir el agua del baño para hacer una diferencia!

4 Prepara una presentación oral sobre uno de los temas que no has tratado a lo largo de la unidad. Busca datos interesantes y relevantes y repasa la página 97 (Técnica).

5 **S** 🎧 Escucha y repite las frases, luego tradúcelas al inglés.

1 Las ONG lograremos cambios a escala mundial si conseguimos que la opinión pública vea que son factibles, los entienda y los apoye, y para ello tenemos que conseguir resultados, como pasó con las minas antipersona.
2 La industria farmacéutica es un sector muy poderoso y debería ser aliado y no enemigo de los esfuerzos que hacemos para que las personas necesitadas puedan acceder a los medicamentos.
3 ¿Qué opina de que Coca-Cola haya ofrecido su red de distribución en África para llevar fármacos y condones a los lugares más apartados del continente?
4 Claro que los gobiernos se han dado cuenta de que no pueden permanecer inactivos ante las guerras, catástrofes, hambrunas, esclavitud, tiranías, corrupción etc., pero encontrar un camino que salga adelante es un reto para todos.

6 Lee la siguiente frase y luego escribe unas 150 palabras en español para explicar lo que crees que quiere decir. Da ejemplos y explica tu opinión.
"There is no peace without development, no development without peace."   Nadine Gordimer

Repaso Unidades 7–9

1a 🎧 Escucha la entrevista con el ecolo rebelde – el danés Bjørn Lomborg – y contesta en español a las preguntas.

1 ¿Por qué se puede decir que su libro es polémico?
2 ¿Qué intenta hacer?
3 ¿En qué se basan sus opiniones?
4 ¿Qué critica de los científicos?
5 ¿Cómo describe los datos presentados?
6 ¿Cuál es la pregunta más importante según Lomborg?
7 ¿Qué dice sobre el medio ambiente?
8 ¿Qué conclusión saca?

1b 🎧 Escucha otra vez y escribe en español con frases completas lo que dice sobre:
◆ el calentamiento de la Tierra
◆ la contaminación del mar
◆ la sobrepoblación

1c Rellena los espacios de este resumen de la entrevista con una palabra adecuada de la lista de abajo. Cambia la palabra a la forma correcta (tiempo verbal/persona/género/número) cuando sea necesario.

Lomborg, (*Ejemplo*) **siendo** director del Instituto de Valoración Medioambiental de Dinamarca y profesor de Estadística (1) ……… famoso al publicar un libro bastante controvertido a los 38 años ya (2) ……… . Durante años fue activista de la organización Greenpeace pero si (3) ………… realizado cálculos sobre (4) …… las estadísticas de una manera objetiva desde el principio habría (5) ……… llegar mucho antes a (6)…… conclusiones contrarias.

> poder   verde   todo   hacerse   (ser)
> pequeño   deber   este   vuestro
> cumplir   haber   difícil

2a 🎧 Escucha el informe sobre el protocolo de Kioto y escribe la cifra apropiada para cada frase.

1 países que firmaron el acuerdo internacional
2 año de la Cumbre de la Tierra

3 el porcentaje de reducción para Europa
4 los puntos de aumento en España

2b Completa las frases según el sentido de lo que acabas de escuchar.

1 El acuerdo internacional tiene como objetivo …
2 El nombre del protocolo viene de …
3 La Unión Europea se comprometió a …
4 España tiene el problema de que …
5 Según ciertos científicos es imprescindible que … porque …

Si hubiéramos …

3 Mira el dibujo y prepara un comentario oral.

1 ¿Cuál es el problema? ¿Qué ha pasado? Describe la escena.
2 ¿Por qué crees que ha pasado? ¿Cuál es la causa?
3 ¿Qué deberíamos haber hecho?
4 ¿Quiénes son los culpables, en tu opinión?

4a Lee el texto e indica las cuatro frases incorrectas.

1 La gran parte de la Unión Europea vive en condiciones favorables.
2 En España la cifra es menor.
3 Existe un sentimiento discriminatorio contra la gente pobre.
4 En los países en vías de desarrollo hay menos discriminación.
5 En el oeste de Europa no hay recursos para ayudar a los desempleados.
6 Es algo esencial que hay que hacer en el este.
7 La economía no se considera tan importante como la infraestructura social.
8 Los principios fundamentales son dudosos.

¡Europa – ajusta tus cuentas!

¿Quién se iba a creer que en la próspera Unión Europea viven unos 56 millones de personas (el 15% de la población) con ingresos inferiores al 60% de la media de cada país? En España son el 19% quienes padecen esta situación. Lo que pasa es que en Europa los pobres son una minoría al contrario de lo que pasa en los países en vías de desarrollo y por eso se sienten aun más discriminados.

Además cuando hace falta empleo se abre la puerta de la pobreza. En Europa Occidental se han adoptado medidas para apoyar a los parados aunque son insuficientes, en cambio en Europa del Este todavía hay que crear tales mecanismos en la mayor parte de los casos porque muchos países de este sector europeo no los consideran algo esencial. Creen que es más importante concentrarse en el desarrollo económico que en el social.

Todo esto pone en duda uno de los principios fundamentales: crecer a buen ritmo para lograr una sociedad próspera y solidaria. "El aumento de las desigualdades, el renacer de las exclusiones, el sentimiento de una política europea pasiva más que activa favorece un desencanto que mina la legitimidad de nuestras instituciones".

4b Traduce el último párrafo al inglés.

5 Lee el texto y explica lo que dice a una persona hispanohablante.

Another death, another disgrace

Adam, the 25th child to die since 1990, was only 14 when he hanged himself, becoming the youngest person to die in custody in Britain. A total of 2,637 under 18s are in secure detention; the number has doubled in a decade. Such statistics and the alarming number of suicides have too few official responses. Under an order to come into effect soon, youngsters can be routinely strip-searched and may be locked up in their cells for longer and get less education.

Children under 14 should not be tried in an adversarial system designed for adults. Those who need to be held securely should be placed in Local Authority care, not in institutions that mimic adult jails and whose location keeps young teenagers in despair miles away from their families. When the divide between vulnerability and criminality is a hair's breadth, there can be only one guiding principle. The desire to punish children must never eclipse their right to life.

6 ¿Cuál es la mejor forma de ayudar al Tercer Mundo?
Discute tus ideas con un(a) compañero/a.

A veces es necesario enviar comida, pero en Solidaridad Internacional enviamos arquitectos, ingenieros técnicos que, junto con la población local, ponen en marcha proyectos que acaban con las causas de la pobreza.

7 "Comercio, no ayuda": comenta el eslógan y escribe unas 200 palabras en español sobre cómo crees que es mejor ayudar al Tercer Mundo.

Repaso total

Unit 4 Part A

In this section you will hear three short items. The marks for each question are given.
You may listen to the items as many times as you wish.

Total for this question: *10 marks*

1 🎧🎧 Escucha el siguiente informe sobre la presencia
de sustancias tóxicas en nuestro entorno. Termina las
frases según el sentido del texto.

a Hay tantas sustancias tóxicas en el ambiente
que … *(2 marks)*

b No sólo sirven para matar a los bichos sino que
además … *(2 marks)*

c Se teme que puedan … *(2 marks)*

d Aunque muchos pesticidas fueron prohibidos hace
años … *(2 marks)*

e Es sabido que muchos de ellos … *(2 marks)*

Total for this question: *8 marks*

2 🎧🎧 Escucha el siguiente reportaje sobre el acuerdo
que firmó España con la NASA. Completa cada frase
con una palabra adecuada de abajo. Cambia la palabra
por su forma correcta (tiempo verbal/género/
número) cuando sea necesario.

*Ejemplo: España va a **colaborar** con la NASA en futuros
misiones a Marte.*

a El secretario de Estado ……… una entrevista con
el administrador general de la NASA. *(1 mark)*

b Después de la entrevista los dos ………… un
acuerdo. *(1 mark)*

c Los españoles …………… estudios y análisis y
también ………… en los instrumentos que
…………… desarrollados en los laboratorios
de Huelva. *(3 marks)*

d Todo lo que sea necesario está ……… en la
infraestructura para luego ………… establecer
una base en el Planeta Rojo. *(2 marks)*

e También esperan descubrir si ………… vida en
Marte. *(1 mark)*

Total for this question: *10 marks*

3 🎧🎧 Escucha el informe sobre Pinochet. Contesta a
las preguntas en español con frases completas.

**¡Ojo! Hay hasta 5 puntos adicionales por la
calidad de tu español escrito.**

a ¿Qué pasó en Londres? *(1 mark)*

b ¿Cómo logró liberarse de la cárcel Pinochet?
(1 mark)

c ¿Qué hizo el juez Guzmán Tapia? *(1 mark)*

d ¿Con qué se encontró durante el juicio? *(1 mark)*

e ¿Qué simboliza el juez? *(1 mark)*

ser poder correr firmar buscar colaborar hacer
estudiar tener explorar incluir haber trabajar

Part B

In this section you will hear one longer item. The marks for each question are given. You may listen to the item as many times as you wish.

Total for this section: *37 marks*

Total for this question: *10 marks*

4 🎧 Primera parte.

Escucha el reportaje sobre la importancia del río Ebro y contesta a las preguntas en español.

a ¿Cómo era Almería hace tiempo? *(2 marks)*
b ¿Qué cambios ha experimentado la zona? *(2 marks)*
c ¿Qué consecuencias tuvieron estos cambios? *(3 marks)*
d ¿Cómo se va a resolver el problema? *(3 marks)*

Total for this question: *12 + 10 = 22 marks*

5 🎧 Segunda parte.

Escucha y escribe en español con frases completas un resumen de lo que se dice sobre el resultado de las discusiones.

¡Ojo! Hay 12 puntos por el contenido de lo que escribes y 10 puntos adicionales por la calidad de tu español escrito.

Incluye información sobre:
- la decisión *(2 marks)*
- las opiniones sobre esta decisión *(3 marks)*
- la situación actual *(4 marks)*
- los pros y los contras del argumento *(3 marks)*

Total for this question: *5 marks*

6 Rellena los espacios de este resumen del reportaje anterior con una palabra adecuada de la lista de abajo.

¡Ojo! Cambia la palabra por su forma correcta (tiempo verbal/persona/género/número) cuando sea necesario.

La primera solución se ha hecho como ejemplo.

La situación económica de Almería ha cambiado mucho. Hace veinte años Almería (*Ejemplo*) **fue/era** una de las provincias más pobres de España, pero ahora es una zona muy (1) .... gracias al turismo y al cultivo intensivo de verduras. Sin embargo, este desarrollo ha provocado problemas de escasez de agua. (2) .... agua del río Ebro (3) .... una solución fácil pero el actual gobierno decidió derogar el trasvase aprobado por el anterior Gobierno del Partido Popular. Este proyecto require una (4) .... inversión de dinero en otros sistemas que supuestamente serán más baratos y mejores. La oposición declara que (5) .... van a causar estragos con el medio ambiente. La discusión continúa.

grande difícil enorme traer ser tener éste
su parecer rico haber traer

Part C

In this section you will read two short items. The marks for each question are given.

Total for this question: *8 marks*

¿Es posible censurar los contenidos de la Red para proteger a los menores?

Siendo Internet un medio interactivo, donde los internautas son emisores y receptores de información, la protección de los menores frente a contenidos ilegales y nocivos es de suprema importancia. Todos sabemos que los menores pueden encontrar con relativa facilidad contenidos pornográficos, violentos y racistas y mensajes con todo tipo de engaños y fraudes.

Aunque no conviene exagerar estas posibilidades, tampoco conviene no considerarlas. Niños y adolescentes pueden mantener conversaciones privadas o conversar en directo con desconocidos en las salas de "chat" y pueden verse sometidos a mensajes persistentes que les hostiguen y acosen, cuyo desenlace puede ser imprevisible. Pero no hay que demonizar la Red: Internet es una maravillosa herramienta de comunicación y conocimiento.

Los responsables de la Red son conscientes de esta situación y han ofrecido la posibilidad de filtrar los contenidos considerados perjudiciales para los menores. Pero esta medida podría evitar el acceso a páginas que podrían ser de interés para el menor. Además, los filtros no son eficaces al cien por cien, por lo que es necesario acompañar esas herramientas técnicas con formación y educación para que los menores puedan hacer un buen uso de Internet. La opción más recomendable es, pues, una navegación responsable y tutorizada.

7 Lee el texto y decide si las declaraciones siguientes son verdaderas (V), falsas (F) o no se mencionan (NM).

a Es imprescindible que protejamos a los menores cuando navegan por la Red. *(1 mark)*

b Es difícil encontrar mensajes pornográficos en la Red. *(1 mark)*

c Mucha gente exagera los peligros de navegar por Internet. *(1 mark)*

d Las personas jóvenes son vulnerables al acoso. *(1 mark)*

e Internet ayuda a los menores a hacer sus deberes. *(1 mark)*

f La solución más práctica es filtrar los mensajes. *(1 mark)*

g A los padres no les gusta navegar por Internet con sus hijos. *(1 mark)*

h Todo padre debe ser responsable por las acciones de su hijo. *(1 mark)*

8 Lee el artículo y corrige las frases que siguen. Indica las(s) palabra(s) o cifra(s) incorrectas como en el ejemplo y añade las correctas.

Ejemplo: Hay mucho tráfico ilegal de ~~emigrantes~~ en el Estrecho.
inmigrantes

a Ahora prefieren desembarcar por la bahía de Cádiz en vez de en la costa de Andalucía. *(1 mark)*

b Desde hace algún tiempo están llegando menos ilegales a las costas españolas. *(1 mark)*

c Los magrebíes emigran más a España que los subsaharianos. *(1 mark)*

d El Gobierno español no quiere lanzar un plan para integrar mejor a los inmigrantes. *(1 mark)*

e Según los datos, hay más de 17.000.000 extranjeros residentes en España. *(1 mark)*

f Dicen que no sirve ningún político de inmigración si no se regulariza la entrada legal. *(1 mark)*

g Han anunciado que van a disminuir los acuerdos con ciertos países. *(1 mark)*

h Muchos inmigrantes irregulares producen de países africanos y europeos. *(1 mark)*

Las pateras cambian de ruta

Temerosas de caer en las garras de los sofisticados sistemas de vigilancia instalados en las aguas del Estrecho, las redes de tráfico de inmigrantes africanos han elegido la zona del litoral oriental de Andalucía para sus desembarcos. Últimamente se ha registrado un descenso en el número de inmigrantes indocumentados que llegan en balsas a la Costa de la Luz (Cádiz); pero cada vez son más las pateras atiborradas de personas que alcanzan las costas almerienses. Hasta hace un año y medio eran pocos los subsaharianos que llegaban hasta las costas españolas en pateras, pero ahora empiezan a ser una proporción importante. En el futuro los grupos de inmigrantes estarán formados cada día por más subsaharianos y menos magrebíes. Entretanto el Gobierno español ha anunciado un plan para organizar y coordinar mejor todas las administraciones implicadas en la integración de los inmigrantes residentes en España. Los datos más recientes indican que hay alrededor de 1.700.000 extranjeros en el país con permiso de residencia. Los ciudadanos extranjeros representan el 4,19% de la población total.

Un portavoz del Gobierno ha declarado que "sin ordenación de las entradas, ninguna política de inmigración puede canalizar de manera adecuada el potencial de los ciudadanos extranjeros con la capacidad de acogida de esta sociedad. Sin control de la irregularidad no hay integración posible" y ha anunciado la ampliación de los acuerdos ya suscritos con Marruecos, Argelia y otros países africanos y europeos de donde procede un número importante de inmigrantes irregulares.

Part D

In this section you will read one longer item. The marks for each question are given.

Total for this question: *47 marks*

9 Lee el siguiente cuento con moraleja y contesta a las preguntas de abajo.

La estrellita desvanecida

Desde los tugurios de Medellín hasta la cumbre artística en Cannes para regresar a una vida de hacinamiento que finalmente desembocará en el asesinato y la cárcel. Ésta es la historia de Leidy Tabares, condenada a pasar 26 años en la cárcel por homicidio y hurto, tras rodar una película basada en su propia vida y convertirse en una gran estrella.

Había una vez una niña que vivía en las calles de Medellín enfrentada a la pobreza y al consumo de alucinógenos. Para alimentar su adicción, la joven vendía rosas a los clientes de los restaurantes y un buen día fue descubierta por el director de cine Víctor Gaviria. Era justo la niña que buscaba para protagonizar su película *La vendedora de rosas.* Parece un cuento de hadas, pero es la historia real de una película real.

La película contó con varios niños de esas mismas calles como actores naturales y, después del rodaje, Leidy Tabares estuvo por festivales de todo el mundo promocionando la cinta, incluido el Festival de Cannes, en el que compitió por la Palma de Oro.

Allí vivió rodeada de lujos. La mansión donde vivió, las fiestas, la limusina, los vestidos, la alfombra roja, las cámaras y los aplausos le mostraron un mundo insospechado. Luego regresó de nuevo a las calles de Medellín, siguió vendiendo rosas a la gente y a las pocas semanas se enamoró de un asesino que murió acribillado a balazos delante de ella y de su hijo recién nacido. Poco después, conoció a su segundo compañero sentimental y participó con él en la matanza de un taxista y en el robo de su vehículo.

Pese a todo lo que le ha pasado, Leidy Tabares parece una muñequita de porcelana: elegante, frágil y con una sonrisa dulce y cálida. Dice haber sido más afortunada que el resto de los niños desamparados que viven en las calles de la capital de Antioquia. Ha saboreado las mieles del éxito y ha gozado de respeto y dignidad. Y ahora la sociedad ha encontrado la manera de vengarse de un mal que no quiere comprender. La pobreza engendra enfermedad, explotación, injusticia, esclavismo, miseria, violencia … y es un círculo vicioso muy difícil de romper.

a Busca en los dos primeros párrafos palabras o frases que signifiquen:

i vivienda mezquina   **ii** cima
iii amontonará   **iv** robo
v desempeñar el papel protagonista   *(5 marks)*

b Contesta a las preguntas en español.

i Explica el significado del título.   *(2 marks)*
ii ¿Por qué se fue a Cannes la protagonista de la película?   *(2 marks)*
iii ¿Qué le pasó allí?   *(2 marks)*
iv ¿Qué hizo cuando regresó a Medellín?   *(2 marks)*
v ¿Crees que tuvo una vida afortunada?   *(2 marks)*

c Traduce el último párrafo al inglés.   *(20 marks)*

d Traduce estas frases al español.   *(12 marks)*

i The young heroine of the film has been sentenced to spend 26 years in prison for a crime she witnessed but didn't actually commit.
ii She used to be part of a gang of street children who lived in abject poverty which she survived by sniffing glue and selling roses in cafés.
iii She played herself in the title role of the film which was nominated for the Palme d'Or at the Cannes film festival.
iv Sadly the wealth and glamour only lasted a short time and soon she was back in her old world where street violence and murder were commonplace; now she realizes how difficult it is to break the vicious circle that poverty creates.

Unit 6

1 Lee el texto y prepara algunas respuestas en español a la pregunta: ¿De qué trata?

Para ayudarte a hablar sobre las ideas expresadas en el texto escribe algunas notas sobre las preguntas de abajo.
- ¿Cuál es el tema del texto?
- ¿Dónde se desarrolla?
- ¿Cómo funciona?
- ¿Qué tiene de especial?
- ¿Cuánto pesa?
- ¿Qué va a intentar hacer?
- ¿Por qué va a ser importante para algunos países?
- ¿Qué te parece el invento?
- ¿Cómo puede contribuir a mejorar el medio ambiente?

The future of motoring is dolphin-shaped

The Shetland Islands may not have much of a road network, but they have become the test centre for a car hailed as the future of motoring.

Its designers say the hydrogen-powered car, whose only emission is water and which is said to be capable of circling the globe using less power than your average lightbulb, heralds a new age of clean, quiet motoring. In 15–20 years, hydrogen-powered vehicles could be commonplace on the roads, they say.

But only the diminutive will be able to drive the dolphin-shaped BOC Gh2ost. At present at 40 kg, it weighs less than the front seats of an average family car.

The car is expected to need the equivalent of just two gallons of petrol to navigate the globe using 25 watts of power.

This week it will travel to the mainland in an attempt to break the world fuel efficiency record, which stands at 10,705 miles per gallon, during the Shell Eco Marathon in Aberdeenshire.

'It sounds unbelievable how little power is used to keep the BOC Gh2ost moving,' said John Carolin, global director for the gas giant BOC's hydrogen energy division. 'It demonstrates the impact of careful design. Hydrogen power could create a pollution-and-noise-free environment and bring vital transport solutions to people in poorer parts of the world. Petrol vehicle emissions are a significant contributor to rising levels of greenhouse gases and the depletion of fossil fuels. Hydrogen is odourless and tasteless and is the most abundant element in the universe.'

The car's fuel-cell technology has been supplied by the Aberdeen-based firm siGEN, and its sea-mammal form, designed by a racing car expert, is constructed of carbon fibre and lightweight aluminium. It has been assembled and road tested in the Shetland Islands.

Experts say that to stand a chance of cracking the fuel efficiency record, the car has to be as light as possible.

2 Lee el texto y prepara unas respuestas en español a la pregunta: ¿De qué trata?

Para ayudarte a hablar sobre las ideas expresadas en el texto escribe algunas notas sobre las preguntas de abajo.

- ¿Quién es el protagonista del texto?
- ¿Por qué se hizo famoso?
- ¿Cómo era de joven?
- ¿Qué hizo a lo largo de su vida?
- ¿Por qué crees que cambió?
- ¿Cómo y cuándo murió?
- ¿Qué contrastes destaca el autor de su carácter?
- ¿Por qué se ha convertido en icono?
- ¿Por qué crees que la gente necesita iconos?
- ¿Qué persona viviente es un icono para ti? ¿Por qué?
- ¿A qué personaje histórico admiras?

A legend, myth and youthful icon

The famous image of an enigmatic handsome youth captured by the Cuban photographer Alberto Korda in 1960 has even more impact today than it did all those years ago. What is it about this image that has made it a lasting symbol and icon the world over? Why is it that even those who know little about his background and philosophy have sought to make this man such a legend?

Today, some 40 years after his capture and subsequent execution in a remote part of the Bolivian jungle, Che's image lives on, absurdly depoliticized and removed from all historical context on more posters and T-shirts than one can put number to.

Then he was protesting about a handful of counter-revolutionaries who had blown up a Belgian cargo ship full of arms for Cuba, killing 100 dock workers. Then he was a revolutionary, a brilliant yet ruthless military leader who had no qualms about sending men to their inevitable death if they had gone against the 'rules of engagement'; a believer in the summary justice of the firing squad; a man prone to sudden rages brought on, so they say, by his asthma. None of this lives on in his image.

And now that he has been once again re-immortalized in the film *The Motorcycle Diaries*, based on his memoires about his early life when he took a 'gap year' after completing his medical studies and rode out astride a battered Norton 500 with his best friend riding pillion, the image will not change; in fact it will simply be reconfirmed. Leaving behind suburban Argentina, Don Quijote and Sancho Panza or Easyrider-like, these two young students, passionate about life, go on a journey of discovery through the Andes and for the first time the well-heeled bourgeois pair come face to face with the realities of the hardship and misery that was the norm for many in their vast continent. From this experience grew the fire of the revolutionary.

Today, however, we are left with the over-sentimentalized and rather saccharine iconic image. Why?

107

Coursework skills

Choosing your topic areas

- Brainstorm your ideas with a partner, covering as many aspects and areas as you can think of. These may be literary or non-literary topics or set texts from the Specification or a completely free choice of investigation which is firmly rooted in Spain or Latin America.

- Choose areas you are particularly interested in and for which you think you can find sufficient resources in Spanish. Don't be over-ambitious; be realistic.

- Ask yourself how much technical or specific vocabulary and information you already know or have for each one until you reduce your list to just a few topic areas.

- If you have to submit two pieces of coursework it is often a good idea to make these quite different.

- Having decided on a few broad areas try to create a title for each one which clearly encompasses the topic and expresses a specific focus or aspect. It often helps to express a title in the form of a question.

  1 topic area → **2** aspect → **3** focus

  1 *el turismo* → **2** *arma de doble filo* → **3** *en la Costa del Sol*

  ¿El turismo en la Costa del Sol es un arma de doble filo?

(1) Follow the steps above and create two appropriate titles for these broad topic areas.

  - el estado y el individuo
  - crimen y castigo
  - la pobreza y la riqueza
  - la nueva tecnología

(2) Go through the same process if you are intending to write a creative piece or an analysis of a set text or a literary/non-literary topic.

(3) Compare your ideas with those of other students and discuss the specific aspects of each one. Ask yourself if the focus is too narrow and limiting or if it is too broad and vague.

Researching each topic area

- Start with any information you already have, listing materials and ideas.

- Go back over the advice on researching a topic in *Ánimo 1* page 100, and in the coursework guidelines set down by the examinations board.

- You can use a variety of sources of information such as interviews with native speakers, your own impressions following visits to the country, different types of media etc. to support your writing.

- Organize your note-taking carefully, making sure you identify all source materials precisely.

- Beware of spending too much time trawling the internet. Think about and note down the specific aspects you want to research and stick with them. Do not get sidetracked!

- Keep a bibliography of all website addresses and sources of information with dates and page references.

- It is advisable **not** to use English source material; it is counter productive as it does not allow you to broaden your scope of vocabulary and syntax.

- Write notes in Spanish making sure you build up a variety of language and vocabulary without it being too technical and abstruse. Remember you have to understand what you have written!

- The materials you choose should give you plenty of scope to be able to draw conclusions after a careful examination of the evidence contained in them.

- Acknowledge all quotations with footnotes.

(4) Practise finding two relevant articles on the internet for each of these topic areas:

  - las películas de Almodóvar
  - la lucha de los indios Mapuche de Chile
  - la contaminación de la costa gallega después del *Prestige*
  - el reto de las pateras en la costa española

(5) From the information devise a title for a possible piece of coursework for each one.

Organization: choosing, researching and planning topics

Constructing a plan

● Decide on the format and style of your presentation so that you build this in to the plan.

● Remind yourself about the skills of mindmapping in *Ánimo 1* page 42 which you used to help you prepare your oral presentation. You could use this method to help you start to plan your ideas for your coursework essay using headings and subheadings.

● Whether you choose to write a discursive or creative piece you will need to show in your plan that you have constructed a **reasoned, logical and independent analysis** of the chosen aspect.

● You also need to make sure it shows you are **well informed** and can give a **range of opinions and observations.**

● Keep asking yourself whether you have **evaluated, analyzed** and **interpreted** all the sources and evidence.

● Now construct a simple, clear, linear diagram which links ideas together and follows a logical sequence. Work out the number of words for each section to ensure you maintain a balance. Re-read page 89 and revisit Hoja 26 of *Ánimo 1* to help you construct your plan.

Title:

Introduction: state your response of how to deal with the main thesis and ideas. Keep it brief and to the point.

Main body:
– two sides of an argument evenly balanced out (2 paragraphs each)
– personal viewpoint developed in 3 or 4 paragraphs with alternative viewpoints stated in brief paragraph (as shown here)
– analysis of a situation/event/character developed in 4 or 5 paragraphs

Conclusion: re-state your considered judgement of the question concisely.

¿El turismo en la Costa del Sol es un arma de doble filo?

hasta cierto punto/ventajas sobrepesan los problemas (50 palabras aprox) + stats/gráfico para demostrar aumento del turismo últimos 20 años + cita del Guía

Ventajas:
1 *economía* (empleo, gente gasta dinero, construcción, infraestructuras, otras?)
2 *sociedad* (interacción/cambio de ideas/integración en Europa, idiomas, centros deportivos, museos y patrimonio cultural e histórico, playas, parques temáticos y restaurantes)
3 *cultura* = doble fila; √ turistas mantienen ciertas fiestas y costumbres vivas, visitan museos y animan a los españoles a hacer lo mismo / X Tomatina fiesta artificial, turismo masivo (en parte disminuyendo y cambiando)
4 *medio ambiente* = X contaminación, agotamiento, pero √ = senderismo etc. abre campo y lo conserva, concienciar a los españoles (¿150 palabras cada párrafo? 100 positivo + 50 negativo)

aspectos positivos son más numerosos que los negativos; aumento del turismo interno (estadísticas); respetar la legislación que existe (citar?) (50 palabras aprox)

Preparing a first draft

Preliminaries

- It sometimes helps to start with the main body of the essay.

- Review all your source materials and make specific notes using cards or separate sheets of paper to write down the main evidence and illustrations for the points you want to make in each section.

Infraestructura
AVE Madrid–Sevilla 1992, Autopista Málaga–Sevilla 1992, Málaga–Gibraltar 2003; falta tramo Nerja–Almería; tren de alta velocidad hasta Málaga; embalses de agua etc.

- Highlight any quotations and ensure you acknowledge the source.

"La costa mediterránea andaluza ... es una de las zonas que han vivido una fase de desarrollo turístico más acelerado en los últimos decenios, lo que la ha convertido en un destino conocido y buscado en las agencias de viajes de los cinco continentes." Plaza y Janés, Introducción a la Guía de la Costa del Sol, página 9

- **Never copy** chunks of text. Use the skills you have developed in looking for synonyms and antonyms plus writing a summary of and adapting texts to rephrase and find your own words to express ideas. See pages 51, 77, 89 and 94 of *Ánimo 1* plus the *Técnica* pages of *Ánimo 2*.

1. Reword the following:

    Sin embargo, la universalización que impone el hecho turístico no ha impedido que los pueblos de la Costa del Sol todavía conserven sus más arraigadas esencias andaluzas.

- Check the detail of any statistics and graphs you want to use. Make sure they really do the job you are saying they do.

Vocabulary and phrases

- Make a list of key technical words and phrases relevant to the topic.

2. Categorize these words under the broad topic headings *medio ambiente*, *tecnología* or *transporte*.

    paneles solares   la clonación   energía aeólica
    ferroviario   ADN   aterrizaje   la nanotecnología
    biosfera   el genoma   enlace

- Think of other likely words related to your context and list them in Spanish.

3. Do you know these words in Spanish? If not, look them up.

    wind farms   drinking water   sustainable   reservoir
    artificial limbs (prosthetics)   robotics   harmful
    beneficial   network   interchange

- Write out lists of words and phrases you can use for connecting or linking sections, adding information, contrasting, giving reasons or attributing. Check back to page 45.

4. Categorize the following.

    además   en relación con   en cuanto a   según
    debido a   por lo que   en cambio   igualmente
    no obstante   gracias a   por el contrario

- Look back at Unit 5, and page 55 in particular, and write down the useful phrases for expressing your opinion and making observations.

Language structures

- Use a variety and range of structures to show you can use language confidently and appropriately.

- Write down a few phrases requiring the subjunctive to express doubt, possibility or emotion.

- Work out the sequence of tenses for 'if' clauses.

- Try to use a variety of tenses but only as far as the logic of what you want to say allows.

- Use temporal phrases and more complex language.

5. Put the following into Spanish.

    1 In the long run it is to be feared that tourism will spoil the true character of Spain.
    2 We are delighted that Spain has overtaken France as the number one destination for English people abroad.
    3 It is absolutely essential that we protect the environment from mass tourism.
    4 If only the government had not allowed such high-rise blocks to be built, the Costa del Sol would never have had such a bad reputation as it had in the early days of tourism.

5 The number of tourists buying up property along the Costas has been rising steadily over the past ten years and continues to rise even today.

- Is there an idiom which aptly sums up what you want to say? Note it down.

Examples: Más vale prevenir que lamentar / Más vale tarde que nunca

You could use metaphorical language linked to your topic for the introduction or conclusion. See *Ánimo 1* page 46 for some examples on the topic of bull fighting.

Writing the first draft

- Sit at a large table and assemble all the pieces of paper and cards around you. Put the ones containing paragraph sections in sequence of their progression and logical order. Check that they follow the plan and then rehearse in your mind or saying it aloud to make sure this is how you want the piece to flow.

- Place the cards or papers with technical vocabulary and language structures to one side so that you can keep referring to them. It may help to put a tick or mark against each one to keep a record of how many times you have used it so that you find alternatives or more and better ways of saying the same thing.

- Use bullet points to set out the main aspects of your introduction and conclusion. Make sure the concluding points reflect the introductory ones but use different language. Choose carefully selected ways to express your opinions and observations.

- Try answering the direct question posed in the title or responding to the angle you have chosen to express in your title using a variety of opinions and structures until you are satisfied you have an appropriate starting point.

- Write out as a heading the main aspect of each paragraph on separate pieces of paper and using your notes (see pages 108 and 110), begin to write a set number of words in response to the heading. Continue like this for each paragraph.

- Re-read the introductory paragraph and then write your conclusion, making sure you include all the relevant aspects with comments and final opinions.

1a Which of these words and phrases would you use in your introduction or conclusion?

en suma   por último   en primer lugar
es importante comenzar por   se puede resumir
hay que abordar   en conjunto
todo sirve para demostrar que
lo primero que hace falta señalar es que
es un círculo vicioso
estos factores me llevan a pensar que
consideremos el significado de la palabra X
es imprescindible considerar todos los
aspectos positivos antes de ...
quiero explicar por qué ...   primeramente

1b Write a sentence for your piece of coursework answering the focus of your title using five of the words/phrases above.

2 Which of the following phrases are headings, and which are notes to illustrate and give evidence?

causa estragos con la construcción

contaminación de las playas

ciertas fiestas son falsas

sociedad receptora

aumento de los precios

la cultura indígena apreciada

agotamiento del agua y problemas enérgeticos

turismo masivo

sueldos en alza

demasiada gente en zonas litorales

aporta ingresos económicos

crea empleo pero

Completion: assessing, improving and checking

Assessing your progress so far

Leave the work for a few days and then come back to it.

Content and style

Introduction:

- Can you identify immediately what the topic and the particular aspect is? Is this stated precisely? Do(es) the opinion(s) expressed reflect the stance taken in the title?

Main body:

- How is this linked to the introduction? Does it follow on smoothly and logically?
- Is there a clear sequencing of paragraphs?
- What examples and evidence can you list from what has been written? Is there a wide range?
- How relevant are they? How carefully do they illustrate the point you want to make?
- How precisely written are they?

Conclusion:

- Have all the previous points made contributed towards the summing up? Does it respond to the main thesis of the title?

Overall:

- Is the piece the correct length? Is there a balance between paragraphs, introduction and conclusion?
- Is there a good balance throughout between your comments and the evidence you have provided?
- If you have done a creative rather than discursive or documentary piece of work, it still needs to reflect the above and demonstrate a careful exploration of the chosen aspect and evaluation of the evidence.
- How well presented is it, even in first draft form?
- Write clearly on alternate lines if writing by hand.
- Word-process with double spacing.
- Check the system applies Spanish spelling; even if it does, go back and double check (near) cognates.

Improving the original draft

However well you feel you have done the first draft, try applying some of these suggestions to improve on what you have written.

1. Find synonyms for well-used words and verbs. Can you find three for *considerar*?

2. Express these sentences in your own words.

   a El turismo aporta importantes ingresos económicos a los países receptores.
   b La masificación turística puede causar daños al medio ambiente, entre otras cosas.
   c Es necesario que se inviertan capitales monetarios que permitan construir los hoteles, restaurantes, carreteras y demás infraestructuras que demandan los turistas.
   d Construir reservas es buena idea siempre y cuando se limite el número de visitas.

3. Translate the following.

   a It is a well-known fact that …
   b Let's look at the evidence in more detail.
   c There are several possible solutions, in my opinion.
   d Having thoroughly examined all the facts …
   e Let's use as an example …

4. Find idiomatic ways to say the following.

   a As far as I am concerned
   b For what it's worth
   c I have simply no idea
   d There is absolutely no doubt whatsoever in my mind that
   e There is no point at all in trying to convince me that
   f Last but not least

5. Link the following sentence parts using *con tal de que* or *a pesar de que*.

   a El turismo en la Costa del Sol seguirá teniendo mucho éxito/se logre controlar el aumento de los precios tanto de las propiedades como del consumo.
   b Las estadísticas demuestran que el turismo ha causado graves daños medioambientales a lo largo de los años/la mancomunidad haya tratado de controlarlo con proyectos interesantes que fomentan el turismo verde.

Completion: assessing, improving and checking

Checking the language structures

Reread page 111 of *Ánimo 1* and page 97 and Hoja 27 of *Ánimo 2*.

1. Decide if the verbs in the following sentences should be active or passive, and subjunctive or indicative.

   a El turismo verde (desarrollarse) de forma acelerada en los últimos años.
   b Tanto los museos como los monumentos (ser) favorecidos por el turismo.
   c Es importante que (respetarse) las normas culturales del pueblo andaluz.

   Now complete the sentences with the correct form of the verb.

2. Indicate if the verb in brackets is irregular, has a spelling change or is a radical-changing verb, then add it in the correct tense.

   a No es muy probable que (encontrarse) una solución a este problema.
   b Me alegro cuando los turistas (saber) hablar un poco de español.
   c Yo no (saber) lo que ellos (sentir) ayer cuando (ver) tanta gente en la playa.

3. Translate these sentences into Spanish, checking the tense, person and ending.

   a The Greeks not only gave Málaga its name – *Malaka* – but also converted it into a commercial centre.
   b The civilization of the Romans brought many different foods to southern Spain.
   c For many centuries the Moors, Christians and Jews lived and worked together in Andalucía.
   d Even today the Costa del Sol continues to be a centre of many different cultures.
   e Málaga has given us many famous people, not least of whom is Picasso.

4. Indicate the pronouns in the following sentences, then translate the sentences into Spanish.

   a The fish you see in front of you are all caught by local fishermen who bring them to market each morning, which is why they are so fresh.
   b Please give me only a few and give the rest to him because he will eat them all up.

5. Choose the adjectives for the following sentences and place them correctly.

   a The old quarter of Marbella is not very big but it has lots of new shops.
   b Picasso, the grand old man of Málaga, has a brand new museum to celebrate his life and work.

6. Write the Spanish for the following words and highlight the difference in spelling.

   ◆ tourism
   ◆ museums
   ◆ parks
   ◆ region
   ◆ quality
   ◆ traditional

7. Write the correct gender for the following nouns and write sentences to illustrate each one. In some cases there may be more than one gender/meaning.

   ◆ problema
   ◆ orden
   ◆ guía
   ◆ turista

Completion: assessing, improving and checking

Checklist

Use the checklist provided by the examination board but also make sure you

- follow your own interests
- demonstrate individual research
- show personal initiative
- develop your own ideas
- demonstrate wider reading
- use your own words

Make sure you

- choose
- plan
- draft
- assess
- improve
- redraft
- check
- write the final version
- do a final check

The examination boards give clear assessment criteria so make sure you know what they are. You will be assessed on your:

- **knowledge and understanding** (of society, set text, literary/non-literary topic, chosen aspect etc.)
  So show/include
  - how much you know
  - you have researched widely
  - detailed examples and evidence to support what you say
  - appropriate quotes, statistics and graphs to illustrate it
- **reaction and response.** This includes
  - planning, organization and control of material
  - ability to develop arguments and ideas
  - ability to draw conclusions, justify and evaluate
  - logical and effective sequencing
- **knowledge of grammar.** This includes
  - accuracy
  - variety of structures
  - range of vocabulary
  - appropriate language
  - use of complex sentence patterns and structures
  - ability to communicate intelligibly

Grammar

This section sets out the grammar covered in *Ánimo 2* as a comprehensive unit but is not a complete grammar. Students should also refer to the Spanish Grammar Workbook and other reference books.

1 Nouns and determiners

Nouns are the words used to name people, animals, places, objects and ideas.

1.1 Gender: masculine and feminine

All nouns in Spanish are either masculine or feminine. Endings of nouns **often** indicate their gender, but do not always do so. Many of the exceptions are common words.

Masculine endings	Exceptions
-o	*la radio, la mano, la modelo, la foto*
-e	*la calle, la madre*
-i	*la bici*
-u	*la tribu*
-or	*la flor*

Also masculine are:
- words ending in a stressed vowel, e.g. *el café*
- rivers, seas, lakes, mountains and fruit trees
- cars, colours, days of the week, points of the compass.

Feminine endings	Exceptions
-a	*el poeta, el futbolista, el planeta, el día, el problema, el clima, el tema*
-ión	*el avión, el camión*
-ad/-tad/-tud	
-z	*el pez, el lápiz*
-is	*el análisis, el énfasis*
-ie	*el pie*
-umbre	
-nza	
-cia	

Also feminine are:
- letters of the alphabet, islands and roads
- countries, cities and towns, though there are exceptions such as *el Japón* and *el Canadá*.
- Nouns referring to people's jobs or nationalities usually have both a masculine and a feminine form:

  el actor / la actriz   el profesor / la profesora
  el abogado / la abogada

♦ Sometimes there is only one form used for both masculine and feminine:

el/la cantante   el/la periodista   el/la artista   el/la juez

♦ Some nouns referring to animals have only one gender whatever their sex:

la serpiente, el pez, la abeja

♦ Some nouns have two genders which give them different meanings:

el corte – cut of hair or suit; *la corte* – the royal court
el capital – money; *la capital* – capital city
el frente – front; *la frente* – forehead
el guía – guide; *la guía* – guide book
el orden – order/sequence; *la orden* – order/command
el policía – policeman; *la policía* – police force
el pendiente – earring; *la pendiente* – slope

♦ Names of companies, associations or international bodies take their gender from that group, whether it is stated as part of the title or simply understood.

la ONU – *la Organización de las Naciones Unidas*
la UE – *la Unión Europea*
la Renfe – *la Red Nacional de Ferrocarriles españoles*
el Real Madrid – *el (equipo de fútbol) de Real Madrid*
el Corte Inglés – *el (almacén) Corte Inglés*

1.2   Singular and plural

Singular refers to one of something; plural refers to more than one. To form the plural:

Add *-s* to nouns ending in a vowel or stressed *á* or *é*

el libro (book)	→	*los libros*
la regla (ruler)	→	*las reglas*
el café (café)	→	*los cafés*

Add *-es* to nouns ending in a consonant or stressed *í*

el hotel	→	*los hoteles*
el profesor	→	*los profesores*
el magrebí	→	*los magrebíes*

except for words ending in an *-s* which do not change in the plural

el lunes	→	*los lunes*
la crisis	→	*las crisis*

Some words add or lose an accent in the plural:

el joven	→	*los jóvenes*
el jardín	→	*los jardines*
la estación	→	*las estaciones*

Words that end in *-z* change this to *c* and add *-es*:

el lápiz	→	*los lápices*
la voz	→	*las voces*

♦ Some words use a masculine plural but refer to both genders:

los reyes – the king and queen
los hermanos – brothers and sisters
los padres – parents

♦ Surnames do not change in the plural:

los Ramírez, los Alonso

♦ Some nouns are used only in the plural:

las gafas/los lentes – spectacles
los deberes – homework
las vacaciones – holidays

1.3   Determiners: definite and indefinite articles

Determiners are used with nouns and limit or determine the reference of the noun in some way. They can tell you whether the noun is masculine (m.), feminine (f.), singular (sing.) or plural (pl.).

The **definite article** (**the**) and the **indefinite article** (**a/an**, **some**, **any**) are the most common determiners.

	singular		plural	
	m.	f.	m.	f.
the	el	la	los	las
a/an	un	una	unos	unas

Note: A word which begins with a stressed *a* or *ha* takes *el/un* because it makes it easier to pronounce, but if it is feminine, it needs a feminine adjective:
El agua está fría.   *Tengo mucha hambre.*
This does not apply if the noun has an adjective before it:
la fría agua.

♦ When *a* or *de* comes before *el* then a single word is formed:

a + el → al
de + el → del

- Use the definite article with parts of the body and clothes, with languages (but not after *hablar*, *estudiar* or *saber*), with mountains, seas and rivers, and with certain countries and cities and people's official titles.

  Tengo la nariz larga. Me duele la cabeza.
  Me pongo el uniforme para el colegio para en casa llevo los vaqueros y una camiseta.
  El español es fácil. Estudio francés desde hace dos años.
  He visitado la India y la Ciudad de Guatemala.
  el Rey don Juan Carlos I, la Reina doña Sofía

- Use the definite article before *señor/señora* when speaking about someone but not when speaking to someone.

  Lo siento, el señor Ruíz no está. but *Buenos días, señor Ruíz.*

- Use the definite article to refer to a general group – but not when referring to part of a group – and to translate 'on' with days of the week:

  Las sardinas son muy nutritivas y las ostras también.
  Siempre comemos sardinas los viernes al mediodía.

- The indefinite article is used in the plural form to mean 'a few' or 'approximately':

  El mar está a unos tres kilómetros del pueblo.

- The indefinite article is not used when
  – you refer to someone's profession, religion, nationality or status:
  Soy profesora.   *María es española.*
  Quiere ser astronauta.   *Su padre es senador.*
  Juan es católico.
  except if there is an adjective:
  Es una buena profesora.   *Es un francés muy educado.*
  – you say you haven't got something:
  No tengo hermanos. No tenemos dinero.
  – the noun refers to a general group:
  Siempre comemos espaguetis con tomates.
  – *otro, tal, medio, qué* and *mil* are used before a noun:
  No hubo otro remedio. Nunca quise hacer otra cosa.

1.4 The neuter article *lo*

This is used with an adjective to make an abstract noun.
Lo bueno es que … The good thing (about it) is …
No sé lo que quieres decir con esto. I don't know what you mean by that.

1.5 Demonstrative adjectives and pronouns

Demonstrative adjectives are used to point out an object or person. They always come before the noun.

singular		plural		
m.	f.	m.	f.	things or persons
este	esta	esto	estas	this/these: things or persons near the speaker (aquí)
ese	esa	esos	esas	that/those: near to the person spoken to (allí)
aquel	aquella	aquellos	aquellas	that/those: further away (ahí)

Me gusta esta camisa pero no me gusta esa camiseta ni aquella chaqueta. I like this shirt, but I don't like that t-shirt or that jacket over there.
Demonstrative pronouns take an accent and agree with the noun they are replacing. They **never** have a definite or indefinite article before them.

éste	ésta	éstos	éstas	something near to the speaker
ése	ésa	ésos	ésas	something near to the person being spoken to
aquél	aquélla	aquéllos	aquéllas	something further away from both of them

Hablando de camisas ésta es mucho más bonita que ésa.
Tal vez pero prefiero el color de aquélla.
Note: The forms *esto* and *eso* refer to general ideas or unknown things.
¿Qué es esto? ¡Eso es! ¿Eso es todo?

1.6 Possessive adjectives and pronouns

Possessive **adjectives** show who or what something belongs to. They come before the noun and take the place of the definite or indefinite article. Like all adjectives they agree with the noun they describe.

| singular | | plural | | |
masculine	feminine	masculine	feminine	
mi	mi	mis	mis	my
tu	tu	tus	tus	your
su	su	sus	sus	his/her/your (formal)
nuestro	nuestra	nuestros	nuestras	our
vuestro	vuestra	vuestros	vuestras	your
su	su	sus	sus	their/your plural (formal)

¿Es mi libro o su libro?
Nuestro colegio es pequeño.
¿Cuáles son tus asignaturas preferidas?

Remember to use a definite article with parts of the body and clothes and not a possessive adjective.
Voy a lavarme el pelo. Tienes que ponerte el abrigo.
Possessive **pronouns** are used instead of the noun. They **do have** a definite article before them.

| singular | | plural | |
masculine	feminine	masculine	feminine
(el) mío	(la) mía	(los) míos	(las) mías
tuyo	tuya	tuyos	tuyas
suyo	suya	suyos	suyas
nuestro	nuestra	nuestros	nuestras
vuestro	vuestra	vuestros	vuestras
suyo	suya	suyos	suyas

Other determiners are:
◆ Indefinite adjectives or pronouns and quantifiers: some(one) – *alguien*, some(thing) – *algo* do not change their form.
Alguien vino a verte. Algo ha pasado aquí.
Algo can be used with an adjective or with *de*:
Sí, es algo interesante. ¿Quieres algo de comer?
Some, a few – *alguno (algún)*, *algún día de estos, alguna cosa* – must agree with the noun they describe.

◆ *Mucho, poco, tanto, todo, otro, varios* must agree with the noun they represent or describe.

◆ These two do not change before a noun:
cada – *cada día* (each/every day)
cualquier – *cualquier cosa que necesitas* (whatever you need)
However, *cualquiera* is used after a noun of both masculine and feminine forms.

2 Adjectives

Adjectives are the words used to describe nouns.

2.1 Making adjectives agree

In English the adjective always stays the same whatever it is describing. In Spanish it changes to agree with the word it is describing according to whether this is masculine, feminine or plural.
◆ Many adjectives ending in *-o* (masculine) change to *-a* for the feminine form and add *-s* for the plural.
negro – negra – negros – negras
bonito – bonita – bonitos – bonitas

◆ Many other adjectives have a common form for masculine and feminine:
un loro verde / una culebra verde
unos loros verdes / unas culebras verdes

◆ Adjectives ending in *-án, -ón, -ín* and *-or* add an *-a/-as* for the feminine form and lose their accent:
holgazán – holgazana   parlanchín – parlanchina
ricachón – ricachona   hablador – habladora
Exceptions are: *interior, exterior, superior, inferior, posterior, ulterior.*

◆ To make an adjective plural, follow the same rule as for nouns.
Add *-s* to a vowel: *unos pájaros rojos, unas tortugas pequeñas*
Add *-es* to a consonant: *unos ratones grises, unos perros jóvenes*
Change *-z* to *-ces*: *un ave rapaz, unos aves rapaces*

◆ Some adjectives of colour never change:
el vestido rosa, el jersey naranja

◆ When an adjective describes two or more masculine nouns or a mixture of masculine and feminine nouns, usually the masculine plural form is used.
la casa y los muebles viejos

◆ If the adjective comes before two nouns it tends to agree with the first noun:
Tiene una pequeña casa y coche.

2.2   Shortened adjectives

Some adjectives lose their final *-o* before a masculine singular noun.

buen, mal, primer, tercer, ningún, algún
Es un muy buen amigo.
Any compound of *-un* shortens also:
Hay veintiún chicos en la clase.

Grande and *cualquiera* shorten before both masculine and feminine nouns:
Es un gran hombre, es una gran abogada
Cualquier día llegará, cualquier mujer

Santo changes to *San* except before *Do-* and *To-*:
San Miguel, San Pedro
but *Santo Domingo, Santo Tomás*

Ciento shortens to *cien* before **all** nouns (see section 19).

2.3   Position of adjectives

In English, adjectives always come before the noun: My little sister has a black cat.

In Spanish, adjectives usually come after the noun: *Mi hermana pequeña tiene un gato negro.*

Numbers, possessive adjectives and qualifiers come before nouns:

mi primer día en el cole   *poca gente*
su último recuerdo   *tanto dinero*
muchas personas   *otra semana*
cada día

◆ Sometimes whether an adjective is positioned before or after the noun affects its meaning.
  un pobre niño = an unfortunate child
  but *un niño pobre* = a poor (penniless) child
  un gran hombre = a great man
  but *un hombre grande* = a tall man
  Other adjectives which vary in this way are:
  antiguo – former/ancient
  diferente – various/different
  varios – several/different
  nuevo – another/brand new
  medio – half/average
  mismo – same/self
  puro – pure/fresh

◆ Some adjectives have different meanings according to the context:
  extraño – unusual, rare/strange, weird
  falso – not true/false in the sense of counterfeit
  simple – only/not very bright/simple in taste
  verdadero – true/real, original

3   Adverbs

Adverbs are used to describe the action of a verb. They do not agree with the verb, so unlike adjectives they do not change. They can also describe adjectives or another adverb.

◆ Many adverbs are formed by adding *-mente* to an adjective:
  fácil → *fácilmente*
  posible → *posiblemente*
  normal → *normalmente*

◆ If the adjective has a different feminine form, you add *-mente* to this:
  lento → *lenta* + *-mente* = *lentamente*
  rápido → *rápida* + *-mente* = *rápidamente*

◆ Sometimes it is better to use a preposition and a noun:
  con frecuencia, con cuidado

◆ Sometimes an adjective is used as an adverb, e.g. *duro*.
  Trabajamos duro todo el día.

◆ Some adverbs which do not end in *-mente*:
  siempre   nunca   muy   mucho   poco   bien   mal   rara vez   muchas   veces   a menudo   algunas veces   a veces

Bastante and *demasiado* can be both adjectives and adverbs.

◆ It is better not to start a sentence in Spanish with an adverb but there are some exceptions such as *solamente/sólo* and *seguramente*.

◆ When two or more adverbs are used together then only the last one has *-mente* added to it:
  El ladrón entró cautelosa, silenciosa y lentamente.

◆ Make sure adverbs of time are placed next to the verb.
  Hoy vamos a trabajar mucho.

4 Comparisons

Adjectives and adverbs follow the same rules.

4.1 The comparative

To compare one thing, person or idea with another in Spanish use:

más ... que	España es más grande que Guatemala.
	José habla más despacio que Pepe.
menos ... que	Hay menos gente en Guatemala que en España.

◆ When *más* or *menos* is used with a number or a quantity, *de* is used in place of *que*.
En mi colegio hay más de mil estudiantes pero en mi clase hay menos de treinta.

◆ To say one thing is similar to or the same as another, you can use:
el/la mismo/a que – the same as
tan ... como – as ... as
tanto ... como – as much ... as

◆ To say the more/the less use:
cuanto más/menos ... (tanto) menos/más ...
Cuanto más considero el problema tanto más me confundo.
Cuanto más trabajo parece que menos gano.

4.2 The superlative

The superlative compares one thing, person or idea with several others. To make a superlative, use:
el más   la más   los más`   las más/menos
(mejor/mejores peor/peores)
Este libro es el más interesante que he leído en años.
Las películas de terror son las menos divertidas de todas.

◆ If the superlative adjective immediately follows the noun you leave out the *el/la/los/las*:
Es el río más largo del mundo.

◆ Note that *de* translates 'in' after a superlative.

◆ Note that you need to add *lo* if the sentence contains more information:
Me gustaría llegar lo más pronto posible.

◆ Absolute superlatives — -*ísimo*, -*ísima*, -*ísimos*, -*ísimas* — are added to adjectives to add emphasis and express a high degree of something.
Tengo muchísimas ganas de verte.
La comida fue rica – pero riquísima.

Irregular forms of the comparative and superlative
These do not have different masculine and feminine forms.

bueno/a	*mejor*	*el mejor/la mejor*
malo/a	*peor*	*el peor/la peor*

Menor and *mayor*, meaning older and younger, can be used to mean bigger and smaller also.
Mi hermano menor es más grande que mi hermano mayor

They are also used in set expressions:
la Fiesta Mayor, el Mar Menor

5 Prepositions and linking words

5.1 Prepositions

Prepositions are used before nouns, noun phrases and pronouns, usually indicating where a person or object is and linking them to the other parts of the sentence.

◆ Prepositions can be single words: *de, con, por* etc.
or made up of more than one word: *al lado de, junto a* etc.

◆ When a verb follows the preposition in Spanish it must be in the infinitive form:
después de entrar, al volver a casa, antes de comer

◆ Some verbs have a specific meaning when combined with a preposition:
tratarse de – to be a question of
pensar en – to think about
pensar de – to think of

◆ Some prepositions tell you when something happens:
durante, hasta, desde

Some prepositions can be quite tricky to translate into English.

Some common uses:

◆ *a* = direction or movement to
Voy a Málaga.
a = at a specific time
Voy a las once en punto.

◆ *en* can mean in and on and sometimes by
en la mesa
en el cuarto de baño
en coche/en tren

◆ Remember that days of the week and dates do not take a preposition as they do in English.

◆ *Sobre* can mean on (top of), over, about (concerning), about (approximately).
El florero está sobre la mesa.
El avión voló sobre la ciudad.
El reportaje es sobre la conferencia.
Hay sobre cien personas aquí.

◆ *De* can denote possession, material made from or content, profession, part of a group or origin.
el padre del niño
la pulsera de oro, la revista de muebles antiguos
Trabaja de profesora.
unos pocos de ellos
Es de Marbella.

◆ Many other prepositions are followed by *de*:
delante de	cerca de	detrás de	al lado de
enfrente de	debajo de	encima de	

Remember *a* + *el* = *al*   *Vamos al mercado.*
La cama está junto al armario.
de + *el* = *del*   *Salen del cine a las siete.*
Hay una silla delante del escritorio.

◆ Both *por* and *para* are usually translated by 'for' in English, but they have different uses:
Por is used to mean:
– along/through: *por la calle*
– by/how: *por avión*
– in exchange for something: *Quiero cambiarla por aquella camisa.*
Gana ocho euros por hora.
– a period or length of time: *Voy a quedarme por un mes.*
– cause: *¿Por qué estás estudiando?*
Porque quiero sacar buenas notas.
– It is also used with the passive: *hecho por los Romanos*
Para is used to show:
– who or what something is for: *Este regalo es para mi padre. Tenemos un garaje para dos coches.*
– purpose: *¿Para qué es esto?* What's this for?
– in order to: *Estudió mucho para pasar los exámenes.*
– future time: *Lo haré para cuando regreses.*

Some useful expressions:

por supuesto	*¿Por qué? Porque …*
por eso	*por lo general*
por lo visto	*por fin*

estar por: El tren está por salir (the train is now departing)
estar para: El tren está para salir (the train is ready to leave)

◆ **The personal *a***
This is not translated into English, but is used before object pronouns and nouns referring to specific and defined people and animals. It is a mark of respect to distinguish living things from objects.
Busco a mi hermano. Quiero a mis abuelos. Pregunta a tu profe.
It is not used after *tener: Tengo un hermano y dos primas.*
It is not used if the person has not yet been specified:
Se busca dependiente.

5.2   Conjunctions

Conjunctions are used to connect words, phrases and clauses.

◆ Co-ordinating conjunctions link words or sentences of similar length:
y, o, ni, pero, sino

◆ *Y* is used to mean 'and' unless it is followed by a word beginning with *i* or *hi* (not *hie*) when it changes to *e*:
Paco e Isabel, geografía e historia
but *granito y hierro*

◆ *O* is used to mean 'or' unless it is followed by *o* or *ho* when it changes to *u*:
siete u ocho albergues u hoteles

◆ *Pero* and *sino* both mean 'but'.
– Use *sino* when the second part of the sentence contradicts the previous part with a negative.
No quiero comer nada sino fruta.
– Use *sino que* when both parts of the sentence have finite verbs:
No sólo perdió su casa sino que murió su familia en el desastre.

◆ Subordinating conjunctions introduce a clause that is dependent on the main clause:
aunque, cuando, mientras, porque, ya que
Echa esta carta al buzón ya que te vas a Correos.

6 Pronouns

A pronoun is a word that can be used instead of a noun, idea or even a phrase. It helps to avoid repetition.

6.1 Subject pronouns

yo	I
tú	you singular (informal)
él, ella, usted	he, she, you (formal)
nosotros/as	we
vosotros/as	you plural (informal)
ellos, ellas, ustedes	they (m/f), you plural (formal)

The subject pronouns are not often used in Spanish as the verb ending generally indicates the subject of the verb. You might use them for emphasis or to avoid ambiguity.

¿Cómo te llamas?
¿Quién – yo?
Sí, tú, ¿cómo te llamas?
Pues, yo me llamo Patricia.

To refer to a group of people with one or more males in it, use the masculine plural form.
Y ellos, ¿cómo se llaman?
Él se llama Jairo y ella se llama Elisa.

6.2 *Tú* and *usted*, *vosostros/as* and *ustedes*

There are four ways of saying 'you' in Spanish.

	familiar	formal
singular	tú	usted (often written vd, takes the 'he/she' part of the verb)
plural	vosotros/as	ustedes (vds, takes the 'they' part of the verb)

Tú and vosotros/as are used with people you know and with young people.
Usted and ustedes are used with strangers and people you do not know very well or to whom you want to show respect. They are used much more widely in Latin America than in Spain where the *tú* and *vosotros/as* form of address is generally encouraged.

6.3 Reflexive pronouns

Reflexive pronouns are used to make a verb reflexive and refer back to the subject of the verb.

me	myself	nos	ourselves
te	yourself (informal)	os	yourselves (informal)
se	himself/herself/ yourself (formal)	se	themselves/ yourselves (formal)

They are often not translated into English:
Me levanto a las siete y después me ducho. I get up at seven and then I have a shower.

Remember when you use the perfect tense that the pronoun comes before the auxiliary *haber*. *Esta mañana me he levantado muy tarde.* I got up very late this morning.

When you use the immediate future or a present participle it attaches to the end: *Voy a levantarme muy tarde el sábado.* I'm going to get up very late on Saturday. *Estoy levantándome ahora mismo.* I'm getting up this very minute.

They can also translate as 'each other':
Se miraron el uno al otro – they looked at one another
but
Se miró en el espejo – he looked at himself in the mirror

6.4 Direct object pronouns

Direct object pronouns are used for the person or thing directly affected by the action of the verb. They replace a noun that is the object of a verb.

me	me	nos	us
te	you (informal)	os	you (informal)
le	him/you (formal)	les	them/you (formal)
lo	it (m)/him	los	them (m)
la	it (f)/her	las	them (f)

Te quiero mucho.
Le veo cada día.

6.5 Indirect object pronouns

An indirect object pronoun replaces a noun (usually a person) that is linked to the verb by a preposition, usually *a* (to).
¿Quién te da el dinero de bolsillo?

◆ You also use them to refer to parts of the body.
Me duelen los oídos. My ears ache (I've got earache).

◆ When there are several pronouns in the same sentence and linked to the same verb they go in this order:
reflexive – indirect object – direct object

6.6 Two pronouns together

When two pronouns beginning with *l (le / lo / la / les / los / las)* come together then the indirect object pronoun changes to *se (se lo / se la / se los / se las)*.
Quiero regalar un libro a mi padre.
Se lo quiero regalar. Quiero regalárselo.

◆ Sometimes the pronoun *le* is added to give emphasis even though it is not needed grammatically. This is called a redundant pronoun.
Le di el regalo a mi padre.

6.7 Position of pronouns

Reflexive, direct object and indirect object pronouns usually

◆ immediately precede the verb:
No la veo. Sí la quiero. Se llama Lucía. Te doy mil euros.

◆ attach to the end of the infinitive:
Voy a verla mañana. Tengo que levantarme temprano. Voy a darte un regalo. ¿Cuándo? Voy a dártelo enseguida.

◆ attach to the end of the present participle:
Estoy mirándolo ahora. Está bañándose. Estoy hablándote: ¿No me oyes?

However, it is now widely accepted to put them before the infinitive or the present participle.

◆ They are also attached to the end of a positive command.
Ponlo aquí. Levantaos enseguida. Dámelo.
Póngalo aquí. Levántense enseguida. Démelo.

For possessive pronouns see section 1.6.

6.8 Disjunctive pronouns

These are used after a preposition (see section 4).

para mí	detrás de nosotros/as
hacia ti	entre vosotros/as
junto a él/ella/usted	cerca de ellos/ellas/ustedes

Remember with *con* to use *conmigo, contigo, consigo*.

◆ A few prepositions are used with a subject pronoun:
entre tú y yo, según ella

◆ Sometimes *a mí, a ti* etc. is added to give emphasis or avoid ambiguity:
A mí me toca; no te toca a ti. Le dije el secreto a ella, no a él.

6.9 Relative pronouns and adjectives

Some of these are determiners as well.

◆ The relative pronoun *que* – who, which or that – is always used in Spanish and not left out of the sentence as it often is in English.
Ese es el vestido que me gusta. That is the dress (that) I like.
Señala a la persona que habla. Point to the person (who is) speaking.

◆ When a relative pronoun is used after the prepositions *a, de, con* and *en* then you need to use *que* for things and *quien / quienes* for people.
José es un amigo con quien estudiaba.
El programa de que hablas se llama El rival más débil.

◆ After other prepositions use *el cual, la cual, los cuales, las cuales.*
La casa dentro de la cual se dice que hay un fantasma ya está en ruinas.

◆ Sometimes *donde* is used as a relative pronoun.
La ciudad donde vivo se llama Bilbao.

◆ *cuyo / cuya / cuyos / cuyas* are used to mean 'whose' and are best treated as an adjective as they agree with the noun they refer to.
Mi madre, cuyos perros no me gustan, viene a pasar unos días conmigo.

◆ Remember that to say 'Whose is this …?' you need to use *¿De quién es este …?*

6.10 Neuter pronouns

Eso and *ello* refer to something unspecific such as an idea or fact:
No me hables más de eso. No quiero pensar jamás en ello.

Lo que / lo cual
These relative pronouns refer to a general idea or phrase rather than a specific noun.
Ayer hubo una huelga de Correos lo cual me causó mucha inconveniencia.

7 Interrogatives and exclamations

7.1 Direct questions and exclamations

Asking questions and making exclamations in Spanish is straightforward: simply add question marks and exclamation marks at the beginning and end of the sentence, like this: ¿ ... ? ¡ ... ! There is no change to the words themselves or the word order.

◆ Make your voice rise slightly at the beginning when asking a question.
Tienes hermanos. = statement
¿Tienes hermanos? = question

◆ Here are some common question words. Note that they all have accents.

¿Qué?	*¿Qué haces?*
¿Por qué?	*¿Por qué hiciste eso?*
¿Cuándo?	*¿Hasta cuándo te quedas? ¿Desde cuándo vives en tu casa?*
¿Cómo?	
¿Dónde?	
¿Adónde?	
¿De dónde?	
¿Quién? ¿Quiénes? ¿Con quién vas?	
¿Cuál? ¿Cuáles?	
¿Cuánto?/¿Cuánta?/¿Cuántos?/¿Cuántas?	

◆ Here are some common exclamation words. Note that they all have accents.
¡Qué! ¡Cómo! ¡Cuánto/a/os/as!

7.2 Indirect questions and exclamations

◆ Indirect question words and exclamations also take an accent:
No me dijo a qué hora iba a llegar.
No sabes cómo y cuánto lo siento.

◆ If the adjective follows the noun then *más* or *tan* is added:
¡Qué niña más bonita!

8 Negatives

You can make a statement negative in Spanish simply by putting *no* before the verb:
No quiero salir.
No me gusta la historia.

◆ Some other common negatives are:
ninguno (ningún)/ninguna = no (adjective)
nada = nothing
nadie = nobody
nunca/jamás = never
ni ...ni ... = neither ... nor ...
tampoco (negative of también) = neither

◆ If any of these words is used after the verb, you have to use *no* as well. But if the negative word comes before the verb, *no* is not needed.
No he fumado nunca.
Nunca he fumado.

◆ You can use several negatives in a sentence in Spanish.
Nadie sabía nada acerca de ninguno de ellos.

9 Verbs: the indicative mood

A verb indicates **what** is happening in a sentence and the tense indicates **when**.

9.1 The infinitive

This is the form you will find when you look a verb up in the dictionary, a word list or vocabulary section. It will indicate which endings you should use for each tense and person. You will need to follow and understand the patterns of verbs and the various tenses so that you can check them in the verb tables in section 23.

In Spanish, verbs fall into three groups. These are shown by the last two letters of the infinitive:

-ar: comprar (to buy); -er: comer (to eat); -ir: subir (to go up)

The endings of Spanish verbs change according to the tense and the person or thing doing the action, and the group a verb belongs to indicates which endings you should use for each tense and person.

◆ The infinitive itself is often used after another verb. Common verbs usually followed by an infinitive are:

querer	to want	Quiero ver la tele esta noche.
gustar	to please	Me gusta bailar. Me gustaría ir al cine.
poder	to be able to	No puedo salir contigo.
tener que	to have to	Tengo que cocinar.
deber	to have to, must	Debemos hablar en voz baja.

◆ The impersonal expression hay que takes an infinitive:
Hay que estudiar mucho para estos exámenes.

◆ Soler, used only in the present and imperfect tenses, indicates what usually happens:
Suelo levantarme temprano. I usually get up early.
¿Qué solías hacer cuando eras joven, abuela? Solía jugar como tú.
What did you used to do when you were little, grandma? I used to play just like you.

◆ The infinitive is used:
– in impersonal commands and instructions:
No arrojar escombros. Abrir con cuidado.
– as a noun: Estudiar es duro cuando hace calor.

For verbs which take a or de + infinitive, see section 18.1. The infinitive also follows prepositions: see section 18.2. For the past infinitive see section 9.9.

9.2 The present tense

To form the present tense of regular verbs, add the following endings to the stem of the verb.

Regular verbs			Reflexive verbs
comprar	comer	subir	levantarse
compro	como	subo	me levanto
compras	comes	subes	te levantas
compra	come	sube	se levanta
compramos	comemos	subimos	nos levantamos
compráis	coméis	subís	os levantáis
compran	comen	suben	se levantan

◆ Spelling changes
Some verbs change their spelling to preserve the same sound as in the infinitive:
from g to j before an a or o
coger – cojo, coges, coge etc.
from gu to g before an a or an o
seguir – sigo, sigues, sigue etc.
from i to y when unaccented and between vowels
construyó but construimos

◆ Some verbs add an accent:
continuar – continúo, continúas, continúa etc.
enviar – envío, envías, envía etc.

◆ Radical changes: where the stem of the verb changes

o > ue	contar – cuento, cuentas, cuenta, contamos, contáis, cuentan
	dormir – duermo, duermes, duerme, dormimos, dormís, duermen
u > ue	jugar – juego, juegas, juega, jugamos, jugáis, juegan
e > ie	empezar – empiezo, empiezas, empieza, empezamos, empezáis, empiezan
e > i	pedir – pido, pides, pide, pedimos, pedís, piden

◆ Irregular verbs
The most common you will need are:

ser	soy, eres, es, somos, sois, son
estar	estoy, estás, está, estamos, estáis, están
ir	voy, vas, va, vamos, vais, van
tener	tengo, tienes, tiene, tenemos, tenéis, tienen
hacer	hago, haces, hace, hacemos, hacéis, hacen

Some verbs are only irregular in the first person of the present tense then follow the regular pattern:

poner – pongo, pones etc.

salir – salgo, sales etc.

caer – caigo, caes etc.

conducir – conduzco, conduces etc.

See the verb tables in section 23.

Note: *Hay* = there is/there are

◆ Use the present tense
  – to indicate what is happening
  ¿Adónde vas? Voy al cine.
  – to express what happens regularly, a repeated action or habit
  Veo la tele cada noche a las siete.
  – to refer to something that started in the past and continues into the present (where the perfect tense is used in English)
  Vivo aquí desde hace años.
  – to refer to historical events (the historical present)
  Aquella noche, el 23 de febrero de 1981, habla el Rey por radio y tele …
  – to refer to something timeless or universal
  El planeta tierra gira alrededor del sol.
  – to express the future
  Adiós. Nos vemos mañana.

9.3 The present continuous

This is formed by taking the present tense of *estar* and the present participle (the gerund) of the main verb, formed as follows:

ar → ando   er → iendo   ir → iendo

Exceptions are *leyendo, durmiendo, divirtiendo.*

¿Qué estás leyendo?

¡Callaos! Están durmiendo.

◆ It indicates what is happening at the time of speaking or that one action is happening at the same time as another. It follows the English pattern closely.

◆ It is often used with *pasar* to express how you spend time.
  Paso el tiempo divirtiéndome, mirando la tele, haciendo deporte.

◆ It is often used also after *seguir, ir* and *llevar.*
  Sigo estudiando a los treinta años.
  Los precios van subiendo cada día más.
  Llevo cinco años estudiando medicina.

9.4 The preterite tense

This is formed by adding the following endings to the stem of the verb:

-ar:	-é -aste -ó -amos -asteis -aron
-er/-ir:	-í -iste -ió -imos -isteis -ieron

Regular verbs

comprar	comer	subir
compré	comí	subí
compraste	comiste	subiste
compró	comió	subió
compramos	comimos	subimos
comprasteis	comisteis	subisteis
compraron	comieron	subieron

◆ Spelling changes
  Some verbs change their spelling to preserve the same sound as in the infinitive:
  c → qu before *e: sacar – saqué, sacaste, sacó* etc.
  g → gu before *e: pagar – pagué, pagaste, pagó* etc.
  z → c before *e: empezar – empecé, empezaste, empezó* etc.
  i → y: creer – creí, creiste, creyó, creimos, creisteis, creyeron (also *leer, oír, caer*)
  gu → gü: averiguar – averigüé, averiguaste, averiguó etc.

◆ Radical changes
  -ir verbs change in the third person singular and plural:
  o → u: morir – murió, murieron (also *dormir*)
  e → i: pedir – pidió, pidieron (also *sentir, mentir, seguir, vestir*)

◆ Some common irregular verbs. Note that there are no accents.
  It helps to learn irregulars in groups; some follow a pattern of *uve*:

andar	anduve, anduviste, anduvo, anduvimos, anduvisteis, anduvieron
estar	estuve, estuviste, estuvo, estuvimos, estuvisteis, estuvieron
tener	tuve, tuviste, tuvo, tuvimos, tuvisteis, tuvieron

Note *ser* and *ir* have the same form so *fui* can mean 'I went' or 'I was'.

fui	*fuimos*
fuiste	*fuisteis*
fue	*fueron*

Dar and *ver* follow a similar pattern.

dar — di, diste, dio, dimos, disteis, dieron

ver — vi, viste, vio, vimos, visteis, vieron

A larger group are quite irregular:

hacer	haber	poder	poner	querer	venir
hice	hube	pude	puse	quise	vine
hiciste	hubiste	pudiste	pusiste	quisiste	viniste
hizo	hubo	pudo	puso	quiso	vino
hicimos	hubimos	pudimos	pusimos	quisimos	vinimos
hicisteis	hubisteis	pudisteis	pusisteis	quisisteis	vinisteis
hicieron	hubieron	pudieron	pusieron	quisieron	vinieron

◆ Use the preterite

– to refer to events, actions and states started and completed in the past

El año pasado hubo una huelga de los empleados del metro.

– to refer to events, actions or states which took place over a defined period of time but are now completely finished

Mis padres vivieron en Guatemala durante tres años.

9.5   The imperfect tense

This is formed by adding the following endings to the stem:

-ar:	-aba -abas -aba -ábamos -abais -aban
-er/-ir:	-ía -ías -ía -íamos -íais -ían

There are only three irregular verbs (*ir, ser* and *ver*).

comprar	comer	subir	ir	ser	ver
compraba	comía	subía	iba	era	veía
comprabas	comías	subías	ibas	eras	veías
compraba	comía	subía	iba	era	veía
comprábamos	comíamos	subíamos	íbamos	éramos	veíamos
comprabais	comíais	subíais	ibais	erais	veíais
compraban	comían	subían	iban	eran	veían

◆ Use the imperfect tense:

– to indicate what used to happen (a regular or repeated action in the past)

De niño iba a pie al colegio.

– to say what happened over a long (indefinite) period of time

Durante el invierno hacía mucho frío.

– to say what was happening (a continuous action)

Mirábamos la puesta del sol.

Note this can be used with the preterite tense to denote interrupted action.

Mirábamos la puesta del sol cuando nos dimos cuenta de la hora.

– to describe what someone or something was like in the past

Josefa era una chica muy formal.

– to describe or set the scene in a narrative in the past

La lluvia caía como una cortina gris.

– in expressions of time (where English would use a pluperfect)

Acababa de llegar cuando tuvo una sorpresa grande.

Esperaba su respuesta desde hacía más de un mes.

– to make a polite request

Quería pedirte un gran favor.

9.6   The imperfect continuous

This is formed by taking the imperfect form of *estar* — *estaba, estabas, estaba* etc. — and adding the present participle.

¿Qué estabas haciendo? Estaba bañándome.

¿Qué es lo que estaba pasando? Estaban divirtiéndose bastante.

Just like the present continuous it indicates what was happening at a particular moment – in this case in the past. It is also used to describe one action interrupted by another:

Estaba leyendo el periódico cuando llegó el correo.

9.7   The future tense

This is formed by taking the infinitive of regular verbs and adding the following endings:

-é -ás -á -emos -éis -án

comprar	comer subir	
compraré	comeré	subiré
comprarás	comerás	subirás
comprará	comerá	subirá
compraremos	comeremos	subiremos
compraréis	comeréis	subiréis
comparán	comerán	subirán

Irregular futures have the same endings as the regular ones – it is the stem that changes.

Some common irregular verbs	
decir → diré	haber → habré
hacer → haré	poder → podré
poner → pondré	querer → querré
saber → sabré	salir → saldré
tener → tendré	venir → vendré

◆ Use the future to:
– indicate what will happen or take place
Vendrán a las cinco.
– express an obligation
No pasarán.
– express a supposition, probability or surprise
No tengo la menor idea qué hora será.
Tendrá unos doce años.

◆ To express 'will' or 'shall' in the sense of willingness or a request use *querer in* the present tense:
¿Quieres decirlo otra vez? No quiere venir a esta casa.

9.8   The immediate future

Another way to indicate what is going to happen is to take the verb *ir* + *a* and add the infinitive.
Voy a escribir una carta. ¿A qué hora vas a venir?

9.9   The conditional tense

This is formed by taking the infinitive of regular verbs and adding the following endings:

-ía -ías -ía -íamos -íais -ían

Irregular conditionals have the same endings as the regulars – it is the stem that changes, in the same way as in the future tense (see 9.7 above).

comprar	comer	subir
compraría	comería	subiría
comprarías	comerías	subirías
compraría	comería	subiría
compraríamos	comeríamos	subiríamos
compraríais	comeríais	subiríais
comprarían	comerían	subirían

◆ Use the conditional to:
– indicate what would, could or should happen
Sería imposible irnos enseguida.
Me gustaría visitarla en la clínica.
– in 'if' clauses to say what could happen
Sería una maravilla si llegaras a tiempo.
– express supposition or probability in the past
Tendría unos cinco años cuando nos mudamos de casa.
– refer to a future action expressed in the past
Dijo que vendría a las ocho en punto.

Note:
– If you want to say 'would' meaning willingness or a request, use the verb *querer* in the imperfect tense.
No quería comer nada.
– If you want to say 'would' meaning a habitual action in the past, use the verb *soler* in the imperfect tense.
Solía visitarnos cada sábado por la tarde.

9.10   Compound tenses: the perfect tense

Compound tenses have two parts – an auxiliary verb and a past participle. The two parts must never be separated. The perfect tense is formed by using the present tense of *haber* (the auxiliary verb) plus the past participle of the verb you want to use.

haber	comprar	comer	subir	cortarse
he	comprado	comido	subido	me he cortado
has				te has
ha				se ha
hemos				nos hemos
habéis				os habéis
han				se han

Reflexive verbs in the perfect tense need the reflexive pronoun before the auxiliary verb *haber*.
¿Qué te ha pasado? Me he cortado el dedo.

Some common irregular past participles
abrir → abierto   *morir → muerto*
cubrir → cubierto   *poner → puesto*
decir → dicho   *romper → roto*
escribir → escrito   *ver → visto*
hacer → hecho   *volver → vuelto*

Compound verbs have the same irregular past participle as the original verb.
descubrir → descubierto

The perfect tense is used in the same way as in English to indicate an action which began and ended in the same period of time as the speaker or writer is describing. It is used in a question which does not refer to any particular time.

- Two important exceptions:
  – talking about how long: Spanish uses the present tense where English uses the perfect
  Hace más de una hora que te espero.
  – to translate 'to have just': *acabar de – acabo de llegar*
- The perfect infinitive
  This is formed by using the infinitive of the verb *haber* plus the appropriate past participle.
  De haberlo sabido …
  Me gustaría haberlo terminado antes de las cinco.

9.11 Compound tenses: the pluperfect tense

This is formed by using the imperfect of the auxiliary *haber* and the past participle of the verb required.
había, habías, había etc. *comprado, comido, subido, dicho, hecho* etc.

Just as in English it is used to refer to an action which happened before another action took place in the past.
La cena ya se había terminado cuando ellos llegaron.

- The same two exceptions apply as for the perfect tense:
  – *hacer* in time clauses: where English uses the pluperfect 'had', Spanish uses the imperfect *hacía*:
  Hacía 20 años que vivía aquí.
  – *acabar de* – 'had just': *Acababa de llegar cuando empezó a llover.*

9.12 Compound tenses: the past anterior

This is formed by using the preterite of the auxiliary *haber* and the past participle of the verb required. It has the same meaning as the pluperfect tense in English.

hube, hubiste, hubo, hubimos, hubisteis, hubieron +
cenado / leído / dormido etc.

It is used in a time clause after *cuando, en cuanto, tan pronto como, después de que* etc. to denote that one action happened before the other when the preterite tense is used in the main clause.
Tan pronto como hubo entrado nos sentamos a comer.

9.13 Compound tenses: the future and conditional perfects

These tenses are formed by using the future or conditional of the auxiliary verb *haber* and the past participle of the verb required.
Habré terminado dentro de dos horas.
Habría terminado antes pero no vi la hora.
They both follow a similar pattern to the English to translate 'will have' or 'would have done something'.

9.14 Direct and indirect speech

- Direct speech is used when you quote the exact words spoken:
  Dijo:"Quiero verte mañana por la mañana".
- Indirect speech is used when you want to explain or report what somebody said:
  Dijo que me quería ver / quería verme mañana por la mañana.

Remember you will need to change all parts of the sentence that relate to the speaker, not just the verb.

10 Verbs: the subjunctive mood

So far all the tenses explained have been in the indicative 'mood'. Remember the subjunctive is not a tense but a verbal mood. For its uses see 10.4. It is not used very often in English but is used a lot in Spanish.

10.1 The present subjunctive

This is formed by adding the following endings to the stem of the verb:

> **-ar**: -e -es -e -emos -éis -en
> compre, compres, compre, compremos, compréis, compren
> **-er/-ir**: -a -as -a -amos -áis -an
> coma, comas, coma, comamos, comáis, coman
> suba, subas, suba, subamos, subáis, suban

Remember that some verbs change their spelling to preserve their sound, and that others – radical-changing verbs – change their root in the first, second and third person singular and plural. They follow this same pattern in the present subjunctive:

> coger – coja, cojas, coja, cojamos, cojáis, cojan
> cruzar – cruce, cruces, cruce, crucemos, cruzéis, crucen
> pagar – pague, pagues, pague, paguemos, paguéis, paguen
> jugar – juegue, juegues, juegue, juguemos, juguéis, jueguen
> dormir – duerma, duermas, duerma, durmamos, durmáis, duerman
> preferir – prefiera, prefieras, prefiera, prefiramos, prefiráis, prefieran

Irregular verbs

Many of these are not so irregular if you remember that they are formed by taking the first person singular of the present indicative:

hacer → hago → haga, hagas, haga, hagamos, hagáis, hagan

Tener, caer, decir, oír, poner, salir, traer, venir and ver follow this pattern.

A few have an irregular stem:

> dar – dé, des, dé, demos, deis, den
> estar – esté, estés, esté, estemos, estéis, estén
> haber – haya, hayas, haya, hayamos, hayáis, hayan
> ir – vaya, vayas, vaya, vayamos, vayáis, vayan
> saber – sepa, sepas, sepa, sepamos, sepais, sepan
> ser – sea, seas, sea, seamos, seáis, sean

10.2 The imperfect subjunctive

There are two forms of the imperfect subjunctive. Both forms are used but the -ra form is slightly more common and is sometimes used as an alternative to the conditional.

Take the third person plural of the preterite form minus the -ron ending and add the following endings:

compra -ron	comie -ron	subie -ron
comprara/se	comiera/se	subiera/se
compraras/ses	comieras/ses	subieras/ses
comprara/se	comiera/se	subiera/se
compráramos/semos	comiéramos/semos	subiéramos/semos
comprarais/seis	comierais/seis	subierais/seis
compraran/sen	comieran/sen	subieran/sen

Spelling change, radical-changing and irregular verbs all follow the rule of the third person plural preterite form.

hacer	→	*hicieron*	→	*hiciera, hicieras*
tener	→	*tuvieron*	→	*tuviera, tuvieras*
pedir	→	*pidieron*	→	*pidiera, pidieras*
dormir	→	*durmieron*	→	*durmiera, durmieras*
oír	→	*oyeron*	→	*oyera, oyeras*

10.3 The perfect and pluperfect subjunctives

These use the auxiliary verb *haber* plus the past participle.

◆ The perfect uses the present subjunctive:
   haya comprado, hayas comprado, haya comprado, hayamos comprado, hayáis comprado, hayan comprado
◆ The pluperfect uses the imperfect subjunctive:
   hubiera / hubiese comido, hubieras / hubieses comido, hubiera / hubiese comido, hubiéramos / hubiésemos comido, hubierais / hubieseis comido, hubieran / hubiesen comido

10.4 Uses of the subjunctive

The subjunctive is used widely in Spanish, above all in the following cases.

◆ When there are two different clauses in the sentence and the subject of one verb
   – influences the other (with *conseguir, querer, permitir, mandar, ordenar, prohibir, impedir*)
   Quiero que vengas a verme esta tarde.
   – expresses a preference, like or dislike (with *gustar, odiar, alegrarse*)
   No me gusta que hagan los deberes delante de la tele.
   – expresses feelings of fear or regret with *temer* or *sentir*
   Temo que no vayan a poder hacerlo.

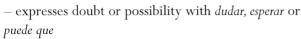

– expresses doubt or possibility with *dudar, esperar* or *puede que*
Dudamos que sea posible. Puede que venga mañana.

◆ With impersonal expressions with adjectives
es importante que, es necesario que, es imprescindible que
Es muy importante que tengas buena presencia en la entrevista.

◆ After expressions of purpose with *para que* or *a fin de que*
Hablamos en voz baja para que los niños siguiesen durmiendo.

◆ After expressions referring to a future action with *en cuanto, cuando, antes de que* etc.
Cuando vengas te lo explicaré.

◆ After expressions referring to concessions or conditions – provided that, unless
Puedes acompañarme con tal de que te portes bien.

◆ In clauses describing a nonexistent or indefinite noun
Buscamos una persona que pueda ayudarnos.

◆ In main clauses
– after *ojalá* ('if only')
– after words indicating 'perhaps' (*tal vez, quizás*)
– after *como si*
– after *aunque* meaning 'even if' (but not 'although')
– in set phrases
digan lo que digan, sea como sea, pase lo que pase

◆ after words ending in *-quiera* ('-ever')
cualquiera, dondequiera

Don't forget that when you make a sentence negative this often gives it an element of doubt:
Creo que llegarán a tiempo but
No creo que lleguen a tiempo
Note the sequence of tenses using the subjunctive:

main verb	subjunctive verb
present	
future	
future perfect	present or perfect
imperative	
any other tense (including conditional)	imperfect or pluperfect

Exceptions:
'If I were to do what you are saying' = imperfect subjunctive: *Si hiciera lo que me dices*
'If I had' + past participle = pluperfect subjunctive – *Si lo hubiera sabido*: 'If (only) I had known'

11 The imperative

The imperative is used for giving commands and instructions. Positive form:

	tú	vosotros/as	usted	ustedes
comprar	compra	comprad	compre	compren
comer	come	comed	coma	coman
subir	sube	subid	suba	suban

Irregular verbs in the *tú* form:
decir → di   hacer → haz   oír → oye   poner → pon
salir → sal   saber → sé   tener → ten   venir → ven   ver → ve

NB Reflexive forms in the *vosotros* form drop the final *d*:
levantad + os = levantaos   sentad + os = sentaos
and the final *s* in the *nosotros* form:
levantémonos, sentémonos
Exception: *irse = idos*

Negative forms are the same as the present subjunctive.

	tú	vosotros/as	usted	ustedes
comprar	**no** compres	compréis	compre	compren
comer	**no** comas	comáis	coma	coman
subir	**no** subas	subáis	suba	suban

Note how the positive and negative forms for *usted* and *ustedes* are the same.

Remember the use of the infinitive to give impersonal negative commands:
No fumar

Note that pronouns attach to the end of positive commands and immediately precede all negative commands.
Dámelo en seguida.
No, no se lo des ahora; dáselo más tarde.

12 Reflexive verbs

The reflexive pronoun – *me, te, se, nos, os, se* – is attached to the end of the infinitive form, the gerund and a positive imperative but is placed before all other forms.

- ◆ True reflexive forms are actions done to oneself:
  Me lavé la cara (reflexive)
  but
  Lavé el coche viejo de mi tío (non-reflexive)

- ◆ Some verbs change their meaning slightly in the reflexive form:
  dormir (to sleep) – *dormirse* (to fall asleep)
  poner (to carry) – *ponerse* (to put on clothes)

- ◆ Some verbs have a reflexive form but do not appear to have a truly reflexive meaning:
  tratarse de, quedarse, quejarse de

- ◆ Use the reflexive pronoun to mean 'each other':
  Nos miramos el uno al otro.

- ◆ The reflexive form is often used to avoid the passive (see section 13).

13 The passive

The passive is used less in Spanish than in English and mostly in a written form.
The structure is similar to English.
Use the appropriate form of *ser* plus the past participle which **must agree** with the noun. Use *por* if you need to add by whom the action is taken.

La ventana fue rota por los chicos que jugaban en la calle.
La iglesia ha sido convertida en un museo.

There are several ways to avoid using the passive in Spanish:
- ◆ Rearrange the sentence into an active format but remember to use a direct object pronoun.
- ◆ Use the reflexive pronoun *se*.
- ◆ Use the third person plural with an active verb.
  La iglesia, la convirtieron en un museo.
  La iglesia se convirtió en un museo.
  Convirtieron la iglesia en un museo.

14 *Ser* and *estar*

Both these verbs mean 'to be' but they are used to indicate different circumstances.

- ◆ *Ser* denotes time and a permanent situation or quality, character or origin.
  Son las cinco en punto y hoy es martes el 22 de noviembre.
  Es abogado y es muy bueno. Es de Madrid y es joven.

  It is also used in impersonal expressions and with the past participle to form the passive.

- ◆ *Estar* denotes position and a temporary situation, state of health or mood.
  Tus libros están encima del piano.
  Estás muy guapa hoy.
  Estoy contenta porque mi papá está mejor de la gripe.

  It indicates when a change has taken place.
  ¿Está vivo o está muerto? Está muerto.
  Mi hermano estaba casado pero ya está divorciado.

  It is used with the gerund to form the continuous tenses (see sections 9.3 and 9.6).

- ◆ Some adjectives can be used with either *ser* or *estar*:
  Mi hermana es bonita.
  Mi hermana está bonita hoy.
  but some adjectives clearly have a different meaning when used with *ser* or *estar*:

listo	(clever/ready)
¡Qué listo eres!	(How clever you are!)
¿Estás listo?	(Are you ready?)
aburrido	(boring/bored)
bueno	(good by nature/something good at the time of speaking e.g. a meal)
cansado	(tiring/tired)
malo	(bad by nature/something bad at the time of speaking e.g. inedible)
nuevo	(new/in a new condition)
vivo	(lively/alive)
triste	(unfortunate/feeling sad)

Note also the difference:
La ventana fue rota por los niños que jugabon en la calle. (action)
La ventana estaba rota. (description)

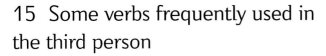

15 Some verbs frequently used in the third person

The subject is often a singular or plural idea or thing.
gustar, encantar, interesar, molestar, preocupar, hacer falta
Me gustan las manzanas.   Sí, me interesa mucho esa idea.
Te encanta la música, ¿verdad?   Nos hacen falta unas vacaciones.

Other verbs include those used with the weather:
Llueve a menudo durante abril, nieva en lo alto de las montañas, hace sol casi todos los días.

16 Impersonal verbs

Se is often used to indicate the idea of 'one' or 'you'/'we' in a general way (often in notices) and to avoid the passive in Spanish.
Aquí se habla inglés. English is spoken here.
Se prohibe tirar basura. Do not throw litter.
Se ruega guardar silencio. Please keep quiet.
No se puede entrar. No entry.

Another useful impersonal expression is *hay que*:
Hay que salir por aquí. You have to go out this way.

Other impersonal verbs are *llover* and *nevar* and expressions of weather with *hacer*.

17 Expressions of time

Hace and *desde hace* are used to talk about an action that started in the past and continues into the present. They are used with the present tense to indicate that the action is still going on.
¿Desde cuándo vives aquí?
¿Desde hace cuánto tiempo estudias español? Estudio español desde hace un año.
They are also used with the imperfect tense for actions that happened in the past.
¿Cuántos años hacía que vivías allí? Hacía tres años que vivía allí.

18 Verbs: miscellaneous

18.1 Some useful expressions which take an infinitive

Soler is used only in the present and imperfect to indicate the idea of 'usually': *Suelo levantarme temprano.*
Acabar de is used to indicate 'to have just':
Acabo de entrar.
Ponerse a is used to indicate to set about doing something:
Me pongo a estudiar.
Volverse a is used to indicate doing something again:
Vuelve a salir.
Tener que is used to indicate having to do something:
Tengo que cocinar.
Deber is used to indicate to have to or 'must':
Debemos hablar en voz baja.

18.2 Some prepositions plus an infinitive: English '-ing'

antes de: *antes de comenzar* – before beginning …
después de: *después de terminar* – after finishing …
al + infinitive: *al entrar* – upon entering …
en vez de: *en vez de llorar* – instead of crying …

18.3 Some useful expressions with *tener, dar* and *hacer*

tener	dar (se)	hacer
cuidado	de comer a	buen/mal tiempo
en cuenta	las doce	una semana
éxito	las gracias	caso de
frío	la vuelta	daño
ganas de	los buenos días	señas
miedo	pena	cola
prisa	cuenta de	las maletas
razón	prisa	lo posible
sed	un paseo	el papel de
sueño	dar a	hacer a algn hacer algo
suerte	la gana	hacerse

19 Numbers

19.1 Cardinal numbers

The number one and other numbers ending in -uno or
-cientos agree with the noun they describe. No other
numbers agree.

Doscientos cincuenta gramos de mantequilla, por favor.

Uno changes to *un* before a masculine noun:
un litro de leche   *veintiún niños*

Ciento changes to *cien* before masculine and feminine nouns
and before *mil* and *millones*:

cien gramos de tocineta, por favor

cien niñas   cien mil   cien millones

but

Ciento cincuenta gramos de salchichón.

Doscientos gramos de queso, por favor.

1	uno/una	11	once	21	veintiuno
2	dos	12	doce	22	veintidós
3	tres	13	trece	23	veintitrés
4	cuatro	14	catorce	24	veinticuatro
5	cinco	15	quince	25	veinticinco
6	seis	16	dieciséis	26	veintiseis
7	siete	17	diecisiete	27	veintisiete
8	ocho	18	dieciocho	28	veintiocho
9	nueve	19	diecinueve	29	veintinueve
10	diez	20	veinte	30	treinta

31 treinta y uno
32 treinta y dos
40 cuarenta
50 cincuenta
60 sesenta
70 setenta
80 ochenta
90 noventa
100 cien/ciento
200 doscientos/as
500 quinientos/as
700 setecientos/as
900 novecientos/as
1000 mil
2000 dos mil
1 000 000 un millón
2 000 000 dos millones

19.2 Ordinal numbers

primero, segundo, tercero, cuarto, quinto, sexto,
séptimo, octavo, noveno, décimo

From 11 (eleventh) onwards, cardinal numbers are usually
used.
Carlos quinto but *Alfonso doce*

The ordinal numbers agree with the noun they describe:
primero primera primeros primeras
último última últimos últimas
Primero changes to *primer* and *tercero* changes to *tercer* before
a masculine noun:
el primer piso del edificio but *El primero de enero es el Año Nuevo.*
Es el tercer viaje y la tercera vez que perdemos el tren este año.

20 Useful expressions

20.1 Days of the week

lunes martes miércoles jueves viernes sábado domingo

These are written with a small letter except at the
beginning of a sentence. Remember that if you want to say
'on Mondays', you use *los lunes*.
Some useful expressions:
el lunes pasado   la semana pasada
ayer   anteayer   mañana   pasado mañana   el año que viene
el mes entrante
en Semana Santa/Navidades
por la madrugada/mañana/tarde/noche
al amanecer/al atardecer
durante las vacaciones/después de las clases/el otro día

20.2 Months of the year

enero febrero marzo abril mayo junio julio agosto
se(p)tiembre octubre noviembre diciembre

These are not usually written with a capital letter.

20.3   The time

The clock time uses the word *hora* except in the general expression *¡Cómo vuela el tiempo!*

¿Qué hora es?

Es la una but *Son las dos/tres/cuatro* etc.

Es el mediodía/Es la medianoche

Es la una y cinco/y diez

Son las tres y cuarto/y media

Son las cinco menos veinte/menos cuarto

a eso de las tres (at about three o clock)

sobre las cinco (around five)

21   Suffixes

These are endings which are added to nouns and sometimes adjectives and adverbs to give a particular emphasis or nuance to their meaning.

♦   The diminutives – *-ito/a*, *-cito/a*, *-illo/a* – add a feeling of affection and mean 'little'.
¡Qué hombrecito tan lindo! Es un chiquillo pequeñito pero adorable.
Háblame más despacito, por favor.

♦   Augmentatives – *-azo/a*, *-ón/ona*, *-ote/ota* – emphasize the size of something.
¡Qué golpazo dio a la puerta!
Es un muchachón grandote.
Qué mujerona tan anchota.

♦   Pejoratives – *-uco/a*, *-ucho/a*, *-uzo/a* – need to be used with care as they can cause offence!
¡Esa gentuza feuca vive en unas casuchas destartaladas allí en el barrio bajo!

22   Stress and accents

Written accents are used for two important reasons:

1   To mark the spoken stress on a word which breaks the rules of stress.

♦   Words which end in a vowel, an *-s* or an *-n* have the stress on the second to last syllable.

All words which end in a consonant (other than *-s* or *-n*) have the stress on the last syllable.

Words which do not follow this rule have the stress marked by a written accent.

♦   Words which have two vowels together stress the 'strong' vowel (*a*, *e*, *o*) or if both are weak vowels (*i*, *u*) the stress falls on the second vowel.
*pa**e**lla, delicioso, ti**e**rra*

Again if the word does not follow this rule the stress is marked by a written accent.

país, oír, continúo (from *continuar*), *reúno* (from *reunir*)

2   To point up the difference between two words.

el the	*él* he
tu your	*tú* you
mi my	*mí* (to) me
si if	*sí* yes
se self	*sé* I know/be (imperative)
de of	*dé* give (imperative)
te (to) you	*té* tea
aun even	*aún* still
solo alone	*sólo* only
mas but	*más* more
hacia towards	*hacía* he/she/it used to do

Take care with verbs:

hablo I speak	*habló* he spoke

But these forms are the same:

río I laugh	*un río* a river
sed thirst	*sed* be (imperative)
ve he sees	*ve* go (imperative)
me siento I sit down	*lo siento* I'm sorry

Remember that all interrogative, exclamative and demonstrative pronouns take an accent.

23 Verb tables

Regular verbs

Infinitive Present participle Past participle	Present indicative	Imperfect	Future	Conditional
-ar	compro	compraba	compraré	compraría
comprar	compras	comprabas	comprarás	comprarías
to buy	compra	compraba	comprará	compraría
comprando	compramos	comprábamos	compraremos	compraríamos
comprado	compráis	comprabais	compraréis	compraríais
	compran	compraban	comprarán	comprarían
-er	como	comía	comeré	comería
comer	comes	comías	comerás	comerías
to eat	come	comía	comerá	comería
comiendo	comemos	comíamos	comeremos	comeríamos
comido	coméis	comíais	comeréis	comeríais
	comen	comían	comerán	comerían
-ir	subo	subía	subiré	subiría
subir	subes	subías	subirás	subirías
to go up	sube	subía	subirá	subiría
subiendo	subimos	subíamos	subiremos	subiríamos
subido	subís	subíais	subiréis	subirías
	suben	subían	subirán	subirían

Reflexive verbs

Infinitive Present participle Past participle	Present	Imperative	Perfect
levantarse	me levanto	levántate	me he levantado
to get up	te levantas	levántese	te has levantado
levantando	se levanta	levantémonos	se ha levantado
levantado	nos levantamos	levantaos	nos hemos levantado
	os levantáis	levántense	os habéis levantado
	se levantan		se han levantado

Radical-changing verbs

Group 1: *-ar* and *-er* verbs
• When the stress falls on the stem

-ar and *-er* verbs are changed in the present indicative and subjunctive forms, except in the first and second persons plural and the *tú* imperative form.

e → ie (atravesar, cerrar, comenzar, despertar(se), empezar, entender, gobernar, negar, nevar, pensar, perder, sentarse)

present indicative	*present subjunctive*	*imperative*
p**ie**nso	p**ie**nse	
p**ie**nsas	p**ie**nses	p**ie**nsa
p**ie**nsa	p**ie**nse	
pensamos	pensemos	
pensáis	penséis	
iensan	p**ie**nsen	

Preterite	Present subjunctive	Imperfect subjunctive	Imperative
compré	compre	comprara/comprase	-
compraste	compres	compraras/comprases	compra
compró	compre	comprara/comprase	compre
compramos	compremos	compráramos/comprásemos	compremos
comprasteis	compréis	comprarais/compraseis	comprad
compraron	compren	compraran/comprasen	compren
comí	coma	comiera/comiese	-
comiste	comas	comieras/comieses	come
comió	coma	comiera/comiese	coma
comimos	comamos	comiéramos/comiésemos	comamos
comisteis	comáis	comierais/comieseis	comed
comieron	coman	comieran/comiesen	coman
subí	suba	subiera/subiese	-
subiste	subas	subieras/subieses	sube
subió	suba	subiera/subiese	suba
subimos	subamos	subiéramos/subiésemos	subamos
subisteis	subáis	subierais/subieseis	subid
subieron	suban	subieran/subiesen	suban

o → ue (acordarse, acostarse, almorzar, aprobar, contar, costar, encontrar, llover, mostrar, mover, probar, recordar, soler, sonar, volar, volver)

present indicative	present subjunctive	imperative
vuelvo	vuelva	
vuelves	vuelvas	vuelve
vuelve	vuelva	
volvemos	volvamos	
volvéis	volváis	
vuelven	vuelvan	

u → ue: jugar is the only verb

present indicative	present subjunctive	imperative
juego	juegue	
juegas	juegues	juegue
juega	juegue	
jugamos	juguemos	
jugáis	juguéis	
juegan	jueguen	

Group 2: -ir verbs
• When the stress falls on the stem

e → ie (advertir, consentir, divertirse, hervir, mentir, preferir, referir, sentir)

present indicative	present subjunctive	preterite	imperative
siento	sienta	sentí	
sientes	sientas	sentiste	siente
siente	sienta	sintió	
sentimos	sentamos	sentimos	
sentís	sentáis	sentisteis	
sienten	sientan	sintieron	

o → ue (dormir, morir)

Also e → i and o → u before ie, ió or a stressed a

present indicative	present subjunctive	preterite	imperative	present participle	imperfect subjunctive
duermo	duerma	dormí		prefiriendo	prefiriera/prefiriese
duermes	duermas	dormiste	duerme	durmiendo	durmiera/durmiese
duerme	duerma	durmió			
dormimos	durmamos	dormimos			
dormís	durmáis	dormisteis			
duermen	duerman	durmieron			

Group 3: -ir verbs
• When the stress falls on the stem and before ie, ió or a stressed a

e → i (conseguir, corregir, despedirse, elegir, impedir, pedir, perseguir, reñir, repetir, seguir, vestir(se))

present indicative	present subjunctive	preterite	imperfect subjunctive	imperative
pido	pida	pedí	pidiera/pidiese	
pides	pidas	pediste		pide
pide	pida	pidió		
pedimos	pidamos	pedimos		
pedís	pidáis	pedisteis		
piden	pidan	pidieron		

Spelling changes (orthographic changes)

• Before the vowel e, verbs ending in

	present subjunctive	preterite
car → qu = sacar	saque, saques, saque etc.	saqué, sacaste, sacó etc.

(buscar, tocar, acercar, aparcar, aplicar, arrancar, colocar, criticar, destacar, equivocar, secar)

gar → gu = llegar	llegue, llegues, llegue etc.	llegué, llegaste, llegó etc.

(pagar, castigar, colgar, despegar, encargar, fregar, obligar, pegar, rogar, tragar)

zar → c = empezar	empiece, empieces, empiece etc.	empecé, empezaste, empezó etc.

(analizar, aplazar, avanzar, cazar, comenzar, cruzar, gozar, nacionalizar, profundizar)

guar → güe = averiguar	averigüe, averigües, averigüe etc.	averigüé, averiguaste, averiguó etc.

(apaciguar)

• Before the vowel o, verbs ending in

	present indicative	*present subjunctive*
cer → z = vencer (convencer, torcer, ejercer)	venzo, vences, vence etc.	venza, venzas, venza etc.
ger/gir → j = coger (proteger, recoger, emerger, escoger, dirigir, elegir, exigir)	cojo, coges, coge	coja, cojas, coja etc.
gu → g = seguir (distinguir, conseguir, extinguir, perseguir)	sigo, sigues, sigue	siga, sigas, siga etc.

• Verbs ending in -ecer, -ocer, -ucir have the form -zc in the first person singular:

parecer → parezco; crecer → crezco

conocer → conozco

traducir → traduzco; conducir → conduzco

• Verbs ending in -ucir also change in their preterite form:

conducir → conduje, condujiste, condujo, condijimos, condujiste, condujeron

• Verbs ending in -uir change the i to y when unaccented or between two vowels as follows:

present indicative	*present subjunctive*	*imperfect subjunctive*	*imperative*
concluir			
concluyo	concluya	concluyera/concluyese	
concluyes	concluyas		concluye
concluye	concluya		
concluimos	concluyamos		
concluís	concluyáis		
concluyen	concluyan		

(Other examples: construir, destruir, disminuir, excluir, huir, instruir)

• **Some** verbs ending in -uar (e.g. continuar) and -iar (e.g. enviar), and reunir and prohibir, add an accent as follows:

present indicative			*present subjunctive*			
continúo	envío	reúno	prohíbo	continúe	envíe	reúna	prohíba
continúas	envías			continúes	envíes		
continúa	envía			continúe	envíe		
continuamos	enviamos			continuemos	enviemos		
continuáis	enviáis			continuéis	enviéis		
continúan	envían			continúen	envíen		

Imperative *tú* form: continúa, envía, reúne, prohíbe

(Other examples: actuar, efectuar, situar, esquiar, espiar, enfriar, guiar, vaciar)

Common verbs **not** in this category are:

anunciar, estudiar, apreciar, cambiar, limpiar, negociar, divorciar, odiar, envidiar, pronunciar

Irregular verbs

The parts of the verb in **bold** are the irregular forms. The first person singular gives the pattern for all other forms following a regular pattern.

Infinitive Present participle Past participle	Present indicative	Imperfect	Future	Conditional	Preterite	Present subjunctive	Imperfect subjunctive	Imperative tú vosotros
andar to walk andando andado	ando	andaba	andaré	andaría	**anduve** **anduviste** **anduvo** **anduvimos** **anduvisteis** **anduvieron**	ande	**anduviera/anduviese**	anda andad
caber to fit cabiendo cabido	**quepo** cabes cabe cabemos cabéis caben	cabía	**cabré**	**cabría**	**cupe** **cupiste** **cupo** **cupimos** **cupisteis** **cupieron**	**quepa** **quepas** **quepa** **quepamos** **quepáis** **quepan**	**cupiera/cupiese**	cabe cabed
caer to fall **cayendo** caído	**caigo** caes cae caemos caéis caen	caía	**caeré**	**caería**	caí caíste **cayó** caímos caísteis **cayeron**	**caiga** **caigas** **caiga** **caigamos** **caigáis** **caigan**	**cayera/cayese**	cae caed
dar to give dando dado	**doy** das da damos dais dan	daba	**daré**	**daría**	**di** **diste** **dio** **dimos** **disteis** **dieron**	**dé** **des** **dé** **demos** **deis** **den**	**diera/diese**	da dad

Infinitive Present participle Past participle	Present indicative	Imperfect	Future	Conditional	Preterite	Present subjunctive	Imperfect subjunctive	Imperative tú vosotros
decir *to say* diciendo **dicho**	**digo** dices dice decimos decís dicen	decía	**diré**	diría	**dije** dijiste dijo dijimos dijisteis dijeron	**diga** digas diga digamos digáis digan	dijera/dijese	**di** decid
estar *to be* estando estado	**estoy** estás está estamos estáis están	estaba	**estaré**	estaría	**estuve** estuviste estuvo estuvimos estuvisteis estuvieron	**esté** estés esté estemos estéis estén	estuviera/estuviese	**está** estad
haber *to have (auxiliary)* habiendo habido	**he** has ha **hemos** habéis han	había	**habré**	habría	**hube** hubiste hubo hubimos hubisteis hubieron	**haya** hayas haya hayamos hayáis hayan	hubiera/hubiese	**he** habed
hacer *to do, make* haciendo **hecho**	**hago** haces hace hacemos hacéis hacen	hacía	**haré**	haría	**hice** hiciste hizo hicimos hicisteis hicieron	**haga** hagas haga hagamos hagáis hagan	hiciera/hiciese	**haz** haced

Infinitive Present participle Past participle	Present indicative	Imperfect	Future	Conditional	Preterite	Present subjunctive	Imperfect subjunctive	Imperative tú vosotros
ir *to go* **yendo** ido	**voy** **vas** **va** **vamos** vais **van**	iba ibas iba íbamos ibais iban	iré	iría	fui fuiste fue fuimos fuisteis fueron	**vaya** **vayas** **vaya** **vayamos** vayáis **vayan**	fuera/fuese	**ve** id
oír *to hear* **oyendo** oído	**oigo** **oyes** **oye** oímos oís **oyen**	oía	oiré	oiría	oí oíste **oyó** oímos oísteis **oyeron**	**oiga** **oigas** **oiga** **oigamos** oigáis **oigan**	oyera/oyese	**oye** oíd
poder *to be able* **pudiendo** podido	**puedo** **puedes** **puede** podemos podéis **pueden**	podía	**podré**	**podría**	**pude** **pudiste** **pudo** **pudimos** pudisteis **pudieron**	**pueda** **puedas** **pueda** **podamos** podáis **puedan**	**pudiera/pudiese**	**puede** poded
poner *to put* **poniendo** **puesto**	**pongo** pones pone ponemos ponéis ponen	ponía	**pondré**	**pondría**	**puse** **pusiste** **puso** **pusimos** pusisteis **pusieron**	**ponga** **pongas** **ponga** **pongamos** pongáis **pongan**	**pusiera/pusiese**	**pon** poned

Infinitive / Present participle / Past participle	Present indicative	Imperfect	Future	Conditional	Preterite	Present subjunctive	Imperfect subjunctive vosotros	Imperative tú
querer *to want* queriendo querido	quiero quieres quiere queremos queréis quieren	quería	querré	querría	quise quisiste quiso quisimos quisisteis quisieron	quiera quieras quiera queramos queráis quieran	quisiera/quisiese	quiere quered
reír *to laugh* riendo reído	río ríes ríe reímos reís ríen	reía	reiré	reiría	reí reíste rió reímos reísteis rieron	ría rías ría riamos riáis rían	riera/riese	ríe reíd
saber *to know* sabiendo sabido	sé sabes sabe sabemos sabéis saben	sabía	sabré	sabría	supe supiste supo supimos supisteis supieron	sepa sepas sepa sepamos sepáis sepan	supiera/supiese	sabe sabed
salir *to go out* saliendo salido	salgo sales sale salimos salís salen	salía	saldré	saldría	salí saliste salió salimos salisteis salieron	salga salgas salga salgamos salgáis salgan	saliera/saliese	sal salid
ser *to be* siendo sido	soy eres es somos sois son	era eras era éramos erais eran	seré	sería	fui fuiste fue fuimos fuisteis fueron	sea seas sea seamos seáis sean	fuera/fuese	sé sed

Infinitive / Present participle / Past participle	Present indicative	Imperfect	Future	Conditional	Preterite	Present subjunctive	Imperfect subjunctive vosotros	Imperative tú
tener to *have* **teniendo** tenido	**tengo** **tienes** **tiene** tenemos tenéis **tienen**	tenía	**tendré**	**tendría**	**tuve** tuviste **tuvo** tuvimos tuvisteis tuvieron	**tenga** **tengas** **tenga** tengamos tengáis tengan	**tuviera/tuviese**	ten tened
traer to *bring* **trayendo** traído	**traigo** traes trae traemos traéis traen	traía	**traeré**	traería	**traje** trajiste **trajo** trajimos trajisteis trajeron	traiga traigas traiga traigamos traigáis traigan	**trajera/trajese**	trae traed
valer to *be worth* **valiendo** valido	**valgo** vales vale valemos valéis valen	valía	**valdré**	valdría	valí valiste valió valimos valisteis valieron	**valga** **valgas** **valga** **valgamos** **valgáis** valgan	valiera/valiese	vale/**val** valed
venir to *come* **viniendo** venido	**vengo** **vienes** **viene** venimos venís **vienen**	venía	**vendré**	**vendría**	**vine** viniste **vino** **vinimos** vinisteis vinieron	**venga** **vengas** **venga** **vengamos** **vengáis** **vengan**	**viniera/viniese**	**ven** venid
ver to *see* viendo **visto**	**veo** ves ve vemos veis ven	**veía**	veré	vería	vi viste vio vimos visteis vieron	**vea** **veas** **vea** **veamos** **veáis** **vean**	viera/viese	ve ved